Pequena história da dança

Antonio José Faro

Pequena história da dança

7ª edição

ZAHAR

Jorge Zahar Editor Ltda.
rua México 31 sobreloja | 20031-144 Rio de Janeiro, RJ
tel (21) 2108-0808 | fax (21) 2108-0800
editora@zahar.com.br | www.zahar.com.br

Grafia atualizada respeitando o novo
Acordo Ortográfico da Língua Portuguesa

Revisão: Tamara Sender, Eduardo Monteiro
Capa: Dupla Design
Foto da capa: © Gianni Dagli Orti/CORBIS/Corbis (RM)/Latinstock

CIP-Brasil. Catalogação na fonte
Sindicato Nacional dos Editores de Livros, RJ

Faro, Antonio José, 1933-1991

F251p Pequena história da dança / Antonio José Faro. – 7.ed. – Rio de Janeiro: Zahar, 2011.
7.ed. il.

Inclui bibliografia e índice
ISBN 978-85-7110-453-2

1. Dança – História. I. Título.

CDD 793.319
11-0827 CDU 793.3(09)

Sumário

A Dança é, na minha opinião, muito mais do que um exercício, um divertimento, um ornamento, um passatempo social; na verdade, é uma coisa até séria e, sob certo aspecto, mesmo, uma coisa sagrada.

Cada era que compreendeu a importância do corpo humano, ou que, pelo menos, teve a noção sensorial de sua estrutura, de seus requisitos, de suas limitações e da combinação de genialidade e sensibilidade que lhe são inerentes, cultivou, venerou a Dança.

PAUL VALÉRY

Nota prévia

O que é a dança?
Por que o homem dança?
Como surgiu a dança?
Como se divide a dança?
O que é a dança nos dias de hoje?

Essas são algumas das perguntas que tentaremos responder nesta *Pequena história da dança*. Antes de qualquer outra coisa, deve o leitor ficar alertado para o fato de que o escopo deste livro é dar uma ideia geral de como surgiu a dança e de seu desenvolvimento até a atualidade, não omitindo aspectos importantes através dos quais a vida dessa maravilhosa arte possa ser ilustrada para ser mais bem-compreendida.

Trata-se, contudo, de uma *pequena* história da dança e, portanto, suas proporções não permitem abordagens profundas desses aspectos, por importantes que sejam, aos quais numerosas publicações especializadas estrangeiras já foram consagradas. Só os famosos Balés Russos de Diaghilev inspiraram dezenas de livros – alguns deles autobiográficos, de membros da própria companhia; outros, alentados trabalhos, como o do crítico inglês Richard Buckle, que tem mais de 800 páginas. Há livros sobre o trabalho de Martha Graham que ultrapassam 400 páginas, e o desenvolvimento do balé nos Estados Unidos tem suscitado publicações volumosas, das quais o livro de John Martin, com 500 páginas, é apenas um exemplo. Isso significa que o leitor interessado em pesquisar mais profundamente alguns aspectos citados nesta *Pequena história da dança* deverá procurar, na Bibliografia anexa, publicações específicas sobre os temas que lhe despertaram a curiosidade.

Nossa intenção é dar uma panorâmica geral, detendo-nos nas características básicas do desenvolvimento e do uso da dança como arte e entretenimento. Assim, é possível que um menor aprofundamento sobre certos aspectos pareça omissão. Na verdade, alguns fatos serão citados apenas de passagem, uma vez que sua importância é localizada e é pouca a sua influência no âmbito global aqui abrangido. Se nos estendêssemos em demasia sobre esses aspectos, ultrapassaríamos os limites que nos propusemos.

A dança é uma arte bastante ligada à juventude, e com esta se move no tempo e no espaço. Seu progresso tem sido contínuo – atualmente, chega a ser vertiginoso, com uma incrível variedade de propostas que nos dão a medida exata, não apenas das pesquisas que sobre ela se realizam, mas, principalmente, de sua constante e permanente atualização. Isso nos permite dizer que a dança, em suas diversas manifestações, está de tal modo ligada à raça humana que só se extinguirá quando esta deixar de existir.

PARTE I

Origem e divisões da dança

1. Progressão da dança

I

É difícil determinar hoje em dia quando, como e por que o homem dançou pela primeira vez. Há quem distinga nas figuras gravadas nas cavernas de Lascaux, pelo homem pré-histórico, figuras dançando. E como o homem da Idade da Pedra só gravava nas paredes de suas cavernas aquilo que lhe era importante, como a caça, a alimentação, a vida e a morte, é possível que essas figuras dançantes fizessem parte de rituais de cunho religioso, básicos para a sociedade de então, a cujos costumes esse tipo de manifestação já estaria incorporado.

A arqueologia, a maravilhosa ciência que tanto esclareceu e continua a esclarecer sobre o nosso passado próximo ou longínquo, ao conseguir traduzir a escrita de povos hoje desaparecidos, não deixa de indicar a existência da dança como parte integrante de cerimônias religiosas, parecendo correto afirmar-se que a dança nasceu da religião, se é que não nasceu junto com ela.

Como todas as artes, a dança é fruto da necessidade de expressão do homem. Essa necessidade liga-se ao que há de básico na natureza humana. Assim, se a arquitetura veio da necessidade de *morar*, a dança, provavelmente, veio da necessidade de aplacar os deuses ou de exprimir a alegria por algo de bom concedido pelo destino.

II

Em nossos dias, podemos dividir a dança em três formas distintas: a étnica, a folclórica e a teatral. Pretendemos mostrar que uma descende da outra, exatamente na ordem citada.

É preciso chegar até os romanos para encontrarmos uma manifestação documentada da dança folclórica e da dança étnica ou religiosa. Realmente, nas bacanais, lupercais e saturnais, a razão religiosa que lhes deu vida pouco a pouco desaparece, cedendo lugar a manifestações de origem popular, cada vez mais distantes de sua base religiosa. Exemplo típico é o Carnaval brasileiro – originalmente, o tempo de festa e alegria que precede os 40 dias da Quaresma. Atualmente, a conotação religiosa permanece nos livros e nos mosteiros, mas o povo que lota os salões de festas e os desfiles de escolas de samba há muito esqueceu as origens e a razão básica da existência dessa festa popular.

Parece não haver dúvidas de que as danças folclóricas nasceram, em princípio, de danças religiosas que pouco a pouco foram sendo liberadas pelos sacerdotes de um culto para que as celebrações – por exemplo, de um nascimento, de um casamento, de uma boa colheita – passassem a ser realizadas em praça pública e não mais dentro dos templos. Ao mesmo tempo, todo o povo passou a participar de ritos que antes só eram permitidos aos iniciados, dentro dos grandes templos. Essa liberação, cuja data exata dificilmente se poderá apurar, pois que sobre ela não há registro, significa um progresso na história da dança. Ao passarem do domínio dos sacerdotes para o domínio do povo, as manifestações religiosas transformaram-se em manifestações populares. Assim, com o passar dos anos, a ligação com os deuses foi ficando cada vez mais longínqua, e danças que nasceram religiosas foram paulatinamente se transformando em folclóricas.

III

Pelo que antes foi dito, podemos indicar algumas características da dança como manifestação religiosa: 1) tinha lugar em recintos especiais, como os templos; 2) era privilégio dos sacerdotes; 3) realizava-se dentro de cerimônias específicas, devendo haver razões de base para a forma e as datas em que cada dança tinha lugar.

Devemos lembrar-nos aqui de que os deuses eram invocados e seu auxílio solicitado nas ocasiões mais diversas, fosse pedindo ou agradecendo. Por isso os deuses eram lembrados por ocasião de nascimentos, casamentos, mortes, guerras e colheitas, ou seja, em todas as ocasiões em que o homem sentisse necessidade de um apoio propício da divindade que era objeto de sua adoração.

Está claro que essas danças pouco a pouco adquiriram o que poderíamos chamar de coreografia própria, ou seja, passos e gestos peculiares a cada uma, com significado próprio e que deveriam ser respeitados no contexto de cada cerimônia específica. Sabemos, por exemplo, que os soldados romanos executavam, antes de cada batalha, danças guerreiras, nas quais pediam o apoio de Marte, deus da guerra, para a luta que iriam iniciar. Se a princípio a dança era executada por sacerdotes e um pequeno número de iniciados, pouco a pouco ela foi abrangendo outros grupos, até ser dançada por boa parte dos soldados; com o passar do tempo, seu significado religioso foi desaparecendo, dando lugar a manifestações de cunho folclórico. As danças guerreiras de diversas regiões da Ásia e da Europa Oriental se inserem nesse contexto.

É interessante notar que, durante vários séculos, a dança era apanágio do sexo masculino, e só muito mais tarde as mulheres passaram a participar ativamente das danças folclóricas. Até hoje, em certas regiões da União Soviética como o Cáucaso, a Ucrânia e as Repúblicas Orientais existem danças matrimoniais em que as mulheres só tomam parte passivamente: os homens dançam em torno delas, principalmente da noiva, sem que elas esbocem qualquer gesto. Não há dúvida de que essas danças descendem diretamente de outras, de cunho religioso, em que só os homens tomavam parte.

IV

A origem da dança teatral é também obscura. Sabemos que no Império Romano havia espetáculos variados em que se apresentavam dançarinos, mas tudo indica que estes eram pouco mais que acrobatas ou saltimbancos, e que as suas danças eram, na verdade, complementos de exibições que hoje em dia consideraríamos circenses.

Mais ou menos pela mesma época, temos a prova concreta de que, na Índia e na China, as cortes contavam com os serviços de escravos-bailarinos, os quais só dançavam para o deleite dos soberanos e da nobreza. Os Balés Reais da Tailândia e do Camboja são descendentes diretos desses grupos de escravos que, através dos séculos, aperfeiçoaram a sua exibição, até chegarem às complicadíssimas coreografias atuais, cheias de gestos simbólicos que tornam sua execução extremamente difícil. Essa dificuldade é de tal ordem que, na Tailândia, as meninas começam a ser treinadas aos sete ou oito anos de idade, e só aos 20, ou seja, 12 anos depois, se considera que estejam no apogeu de sua arte.

Há quatro estilos clássicos de dança indiana: Kathakali, Baratha Natyam, Kathak e Maripuri, que derivam de uma restauração das artes hindus reivindicadas pelos muçulmanos. São também de origem religiosa, e as do primeiro estilo, em que se conta uma história, versam sempre sobre os deuses do Panteão hindu ou os heróis mitológicos da Índia.

Durante vários séculos, essas manifestações de dança, como já citado, foram apanágio das cortes, e só aos poucos o povo foi tendo acesso às exibições, transformando-se assim em teatro popular aquilo que até então era privilégio de uma pequena minoria.

Na Europa Ocidental, será preciso esperar até mais tarde para que possamos estabelecer períodos concretos para a existência da dança teatral dentro do conceito que hoje lhe damos. Essas especificações deverão constar de capítulo a elas dedicado.

V

A 14 de junho de 1923, os Balés Russos de Diaghilev estreavam em Paris um balé que tem em sua estrutura o desenvolvimento da dança, conforme citado nos itens precedentes. Trata-se de *Les Noces*, música de Stravinsky, com coreografia de Bronislava Nijinska. Seu tema é uma cerimônia de casamento entre camponeses russos e seu desenvolvimento é o de um verdadeiro ritual. Remontado recentemente pelo Royal Ballet, em Londres, e por algumas companhias norte-americanas, encontramos em *Les Noces* a mencionada progressão da história da dança: um espetáculo teatral baseado em tema folclórico e que tem como origem os ritos religiosos praticados pelos camponeses russos antes de um matrimônio. No caso presente, a religiosidade está no fato de que um casamento significa a formação de uma nova família, o crescimento da comunidade, o propiciamento da expansão, da continuidade da vida. Esses aspectos estão intrinsecamente ligados ao vínculo entre a religião e o futuro do ser humano, através da sua continuidade.

VI

Com essa pequena digressão, quisemos demonstrar que a progressão da dança, de cerimônia religiosa a arte dos povos, não é aleatória, mas obedece a padrões sociais e econômicos que tiveram efeito semelhante sobre as demais artes, as quais não surgiram do nada, mas nasceram da necessidade latente na criatura humana de expressar seus sentimentos, desejos, realidades, sonhos e traumas através das formas mais diversas.

2. A etnia e a dança

I

Segundo o *Novo dicionário da língua portuguesa*, de Aurélio Buarque de Holanda, *etnia* é um grupo biológico e culturalmente homogêneo; *étnico*, relativo ou pertencente a um povo ou raça. É interessante notar a segunda definição de *étnico*: idólatra, pagão (nos autores eclesiásticos).

Essa segunda definição nos leva diretamente ao âmago de toda a questão, ou seja, o surgimento e a expansão da Igreja Católica Apostólica Romana deram lugar a uma nova definição de *étnico*. Em outras palavras, os porta-vozes da nova religião tacharam de idólatra e pagão o que era feito nas religiões precedentes.

Essas definições de *etnia* e *étnico* nos levam a reforçar a opinião, hoje em dia aceita, de que a dança está ligada às cerimônias religiosas e que sua execução, dentro dos templos, foi banida pela Igreja Católica como instrumento do pecado. Essa comparação pode parecer aleatória, mas, se considerarmos que, conforme é fartamente citado por escritores antigos, a dança integrava as cerimônias religiosas pagãs e desapareceu na Igreja Católica, a resposta se torna clara.

Sem sairmos do nosso próprio país, aqui encontramos, entre os nossos indígenas e no candomblé, suficientes provas da vinculação entre a dança e o ato religioso. O Brasil não está sozinho nesse exemplo. Encontramos outras provas dessa tese nos cultos africanos e asiáticos que permanecem vivos em nosso tempo. E esses exemplos, por extensão, nos levam à comprovação de que, no mito religioso existente antes do advento da Igreja Católica, a dança integrava, quase em simbiose, a noção de religião.

No caso das religiões indígenas, e, especialmente, do candomblé, ocorreu um sincretismo que permitiu que essas religiões sobrevivessem à guerra que lhes foi movida pela Igreja Católica. Os negros identificaram seus orixás com santos da Igreja Católica e passaram a executar seus ritos em lugares distantes e horas tardias, procurando evitar a fiscalização da polícia. E tanto conseguiram que esta religião e seus derivativos, especificamente a umbanda, a quimbanda e o omolocô, são seguidos hoje em dia por dezenas de milhões de brasileiros, muitos dos quais, ao acenderem sua vela numa igreja diante de santa Bárbara ou de são Jorge, o fazem não só aos próprios santos, mas também a Iansã ou a Ogum.

II

Segundo as estatísticas, temos hoje uma população indígena que talvez represente 10% da que existia em 1500. Desta, uma parcela perdeu boa parte de suas raízes e de sua civilização, mas pelo que restou podemos ter ainda uma noção bastante vigorosa da ligação entre dança e religião.

Um canal de TV do Rio de Janeiro levou ao ar, em junho de 1985, uma série de programas sobre a vida das tribos indígenas do Alto Xingu. Quem assistiu à série não pôde deixar de verificar que, em todas as cerimônias mostradas, desde a iniciação dos meninos na vida adulta até os enterros e casamentos, duas presenças eram constantes: a dança e o pajé, chefe religioso da tribo.

Aparentemente, todas as cerimônias se mantêm bastante autênticas, passando de geração a geração. E como o contato daquelas tribos com a civilização é ao mesmo tempo recente e rarefeito, podemos acreditar que poucas modificações tenham sido introduzidas em cada uma delas. Fica, no entanto, difícil acreditar que não tenha havido certa deturpação no decorrer dos anos. Como podemos verificar que em outras regiões as cerimônias foram se modificando lentamente através dos tempos, temos poucas razões para acreditar que, no caso do indígena brasileiro, elas tenham permanecido imutáveis.

Essa deturpação não significa perda de contato com as origens. Na verdade, significa progresso e continuidade. Sabemos que tudo aquilo que permanece estático acaba perecendo. No caso das manifestações do ser humano, elas se apresentam sempre dentro de um contexto social, racial e climático que influencia não só seu nascimento, mas, principalmente, seu desenvolvimento.

Vamos encontrar nos índios norte-americanos, nos descendentes dos maias e dos astecas, assim como nos papuas da Nova Guiné, ligações diretas com as manifestações coreográfico-religiosas dos nossos índios. Respeitadas as diferenças raciais e o progresso tecnológico de cada um desses povos, notamos que a dança de cunho religioso se produz, geralmente, nas mesmas ocasiões festivas ou dolorosas, mostrando, assim, um elo constante entre a dança como manifestação *étnica* e as religiões primitivas.

III

No Brasil, o ritual do candomblé exemplifica o caso de uma *etnia* "importada". Na verdade, essa religião veio da África, na bagagem dos escravos negros, e aqui encontrou solo fértil para a sua proliferação e reestruturação.

Devemos ressaltar que o reconhecimento do candomblé como religião é relativamente recente. Na Enciclopédia editada por W.M. Jackson, no início do século XX, o verbete *candomblé* diz simplesmente: "Espécie de batuque que os negros acompanham com exercícios de feitiçaria." Hoje, menos de 80 anos depois, o candomblé é reconhecido como ritual sério, em que pese a existência de diversos terreiros de honestidade duvidosa.

O mesmo verbete, no *Novo dicionário da língua portuguesa*, de Aurélio Buarque de Holanda, é classificado como: "A religião dos negros iorubas ou qualquer das grandes festas dos orixás."

A primeira definição citada é fruto do preconceito existente no século XIX contra essa religião africana, hoje em dia aceita e praticada por milhões de pessoas.

Cumpre notar aqui que outras formas dos mesmos rituais foram levadas para outros pontos da América, como Cuba e Haiti, espalhando-se com bastante força por boa parte da América Latina e até pelos Estados Unidos, mas ganhando em cada uma dessas regiões características diversas. Essas características estão intrinsecamente ligadas ao grau de perseguição que lhes foi imposto em cada local e, antes de mais nada, às tribos a que pertenciam os escravos levados para cada região.

Se o candomblé é confundido por muita gente com o folclore, isso resulta da exploração turística que se faz em torno de certas festas, como, por exemplo, a de Iemanjá, no dia 31 de dezembro. Nesse particular exemplo, a exploração aumentou de tal forma que boa parte das casas sérias de candomblé realiza seus rituais em outra época ou em locais muito afastados dos centros urbanos, uma vez que estão praticando uma religião, não uma exibição para turistas.

IV

Considerando o candomblé uma expressão *étnica*, ligada a uma religião praticada por milhões de pessoas desde épocas imemoriais, não nos cabe aqui descrever com minúcias os vários rituais que compõem cada uma de suas cerimônias, menos ainda especificar as diferenças existentes de uma nação para outra. Essas diferenças não influem na base comum a todas elas, de adoração e explicação do nascimento através dos orixás ou deuses componentes do Panteão africano.

A dança faz parte intrínseca das cerimônias de candomblé abertas ao público. Quem já presenciou esses rituais deve ter notado que eles normalmente se dividem em duas partes básicas: a primeira delas, chamada *xiré*, dá início às cerimônias – os filhos de santo, ainda não incorporados, cantam e dançam, invocando, em determinada ordem, cada um dos orixás; na segunda parte, alguns membros do culto, com seus "santos" incorporados, interpretam as diversas danças características das entidades.

Em ambas as partes, o leigo poderá observar que, conforme o santo que está sendo invocado, os membros da seita executam passos e gestos determinados, isto é, a dança de cada "santo" tem sua própria coreografia. Essa identificação é ainda mais evidente quando é o próprio "santo" que está dançando, pois ele exibe as nuances e os gestos que lhe são próprios e que não encontramos nos demais.

No candomblé, a dança funciona, na verdade, como elo entre iniciados e assistentes. Ela serve para invocar, apaziguar ou agradecer aos deuses por graças obtidas. Trata-se, em verdade, de um dos alicerces sobre os quais se apoia toda uma religião, um dos exemplos mais diretos e claros do que expusemos anteriormente.

Através de uma sequência de movimentos que representam uma verdadeira coreografia, o índio expressa seus sentimentos de alegria ou tristeza, pedindo ou agradecendo, tal como deveriam fazer as tribos europeias nos primórdios da civilização. Se nos nossos indígenas essa forma é um tanto primitiva, não cabe dúvida de que o avanço das civilizações, principalmente na região do mar Mediterrâneo, fez com que essas danças passassem, em diversos casos, da praça da aldeia para o recinto do templo, ganhando gestos específicos, conforme a natureza do rito, e sendo executadas apenas pelos iniciados.

Isso não deve ter impedido, no entanto, que algumas manifestações continuassem a ser executadas por famílias ou aldeias em casos de nascimento, matrimônio ou morte. Só que a espontaneidade das manifestações cedeu lugar a gestos rituais que se incorporaram à coreografia natural de cada dança. Isso já é notado nos nossos indígenas. Aquilo que eles hoje dançam já é, sem dúvida, uma depuração do que faziam num passado longínquo.

3. A dança folclórica

I

Como e quando surgiu a dança folclórica? Difícil responder com datas precisas. O que podemos citar aqui são épocas ou etapas do desenvolvimento das sociedades e dos costumes que levaram às manifestações populares de dança, já fora do rígido controle dos líderes religiosos.

Parece não haver dúvida de que as manifestações coreográficas dos camponeses de diversos países, por exemplo, na época da colheita tinham significado religioso, ao invocarem a proteção dos deuses para que propiciassem a fartura ou agradecerem às divindades no caso de tal fartura se concretizar.

É provável que essas danças fossem dirigidas por sacerdotes dentro de processos e figurações de cunho místico preestabelecido. Sem dúvida, era um recurso empregado pelo clero para manter o povo ligado ou subjugado pelos poderes celestes.

O aumento da população, a expansão das áreas urbanas e suburbanas, a maior comunicabilidade entre as nações e o paulatino, mas constante, progresso técnico e mental da humanidade devem ter contribuído, de forma decisiva, para uma ruptura entre o religioso e o popular.

A construção de grandes templos e a necessidade do sacerdote de manter em segredo boa parte de suas atividades vieram somar-se às razões já expostas para que, paulatinamente, essas manifestações fossem perdendo seu caráter puramente religioso. Este, ainda que permanecendo nas bases, não era mais a razão primeira das festas.

As "saturnais" eram originalmente festas em honra do deus Saturno, que na mitologia grega personifica o tempo. Da mesma forma, as "bacanais" eram festas em homenagem ao deus Baco, e chegaram a ser proibidas no Império Romano devido aos excessos cometidos por seus praticantes, que chegavam até a sacrifícios humanos. Também as "lupercais" eram festas anuais que aconteciam no dia 15 de fevereiro, honrando o deus Pã.

O tempo iria retirar dessas festas, nas quais a dança era parte predominante, a conotação puramente religiosa. Na verdade, a religião se transformou numa desculpa para que a população romana se entregasse a excessos que a cada ano abafavam mais e mais seu primitivo caráter religioso.

II

Nas zonas campestres, o folclore ganhou impulso, e é nelas que até hoje se manifesta com maior influência e credibilidade. Longe da sofisticação dos centros urbanos, o homem do campo manteve por mais tempo o sentido religioso de suas danças de propiciação ou de agradecimento. Mas o ambiente rural não poderia ficar infenso às mudanças que atingiram todos os setores da humanidade, com o progresso avassalador trazendo novas ideias, novos costumes e a radical modificação de certos aspectos da vida diária dos povos. Basta citar o aparecimento do fogo, da roda, do uso do barro e da argila, dos sons musicais emitidos através de um graveto para se verificar o significado dessas descobertas para o progresso da humanidade e o quanto todas influíram sobre a vida do ser humano.

Assim, as manifestações folclóricas nasceram dentro desse ciclo de progresso como forma de expressão popular que avançou no tempo e no espaço, devido a uma soma de circunstâncias de cunho sociológico.

III

O homem do campo dança de felicidade quando tem uma boa colheita. No Egito, existem até hoje as danças fúnebres executadas por parentes em torno do morto. Nos Estados Unidos, os índios do Centro-Oeste continuam a dançar invocando a chuva durante as grandes estiagens. No Brasil, o Carnaval é a maior festa popular, e de norte a sul, em cidades médias ou pequenas, a congada, o maracatu, os cabocolinhos, os marinheiros e centenas de outras danças atestam a necessidade do homem simples de se manifestar através da dança, do movimento de seu corpo.

Se Mário de Andrade usou cinco volumes para descrever *As danças dramáticas do Brasil*, podemos imaginar o quanto teríamos que escrever e pesquisar se quiséssemos ir a fundo nas danças folclóricas de todos os povos. É importante, no entanto, que fique estabelecida a diferença entre o que é *étnico* e o que é *folclórico*, para que possamos chegar, finalmente, à dança teatral, por enquanto o estágio mais avançado dessa arte.

IV

Diversos países mantêm grupos profissionais ou semiprofissionais de dança folclórica. Na URSS e nos países do Leste Europeu, é ponto de honra que cada grupo racial mantenha suas danças tradicionais, não as apresentando apenas perante o seu próprio público, mas levando-as às outras nações como demonstração do vigor e da pujança de sua gente. Nesses países, tais espetáculos já foram tão teatralizados que seus intérpretes são bailarinos profissionais saídos das melhores escolas, capazes de executar coreografias com incríveis proezas técnicas que nenhum camponês poderia realizar. Na verdade, aqui o folclore é usado para grandes espetáculos de dança teatral, ficando na margem entre uma manifestação popular e outra teatral.

Reais manifestações folclóricas são encontradas, por exemplo, na Escócia, nos famosos *reels*, ou nas tabernas esfumaçadas de Granada e Sevilha. Os espanhóis conseguiram levar para o tablado de um palco o seu *flamenco* sem desvirtuá-lo. Acrescente-se que, na Espanha, as danças características das várias regiões que compõem o país, como Andaluzia, Navarra ou Viscaya, permanecem mais ou menos inalteradas, uma vez que são dançadas pelo povo desde épocas imemoriais, praticamente sem interrupção no tempo.

Nos países orientais, temos o exemplo das Filipinas, cuja companhia Baynahiam talvez apresente um dos mais lindos espetáculos folclóricos, uma mistura incomparável de elementos orientais com ocidentais, de vez que aquele país esteve durante muito tempo sob a dominação espanhola. Essa companhia é sempre formada por estudantes das universidades filipinas, que dedicam parte de sua vida escolar ao estudo e à manutenção das danças folclóricas de sua terra. Nesse caso específico, o tratamento teatral de cenários, figurinos e adereços não influi sobre a coreografia em si, que não se sofisticou a ponto de comprometer a veracidade da manifestação.

V

Quando passamos os olhos pela lista de danças folclóricas de cada país, ou nos detemos a estudar os programas das diversas companhias do Leste Europeu que nos visitaram, encontramos um traço comum. Boa parte dessas danças está ligada a determinado momento da vida desses povos. É raro não se encontrarem danças matrimoniais, de pastores, de competição entre os homens, de agradecimento por uma boa colheita. A lista é bem extensa. Isso nos dá uma ideia de que, em que pesem as distâncias e, no passado, a falta de comunicação entre as diversas regiões da terra, a dança está intimamente ligada a certos pontos definidos da vida diária do ser humano.

4. Folclore brasileiro

I

A nossa dança folclórica é, ao mesmo tempo, imensamente rica e pouco executada. Os livros especializados na matéria indicam-nos centenas de danças, muitas das quais sobrevivem apenas em pequenas cidades e morrem um pouco a cada ano que passa com a falta de renovação de seus intérpretes e o pouco interesse das autoridades competentes. Assim, um rico acervo cultural de nossa pátria vai se diluindo no tempo e deixará de existir caso não haja uma firme ação por parte das autoridades culturais do país.

Ao estudarmos a história do Brasil, nos é dito que nosso povo é a soma de três raças tristes: o português, o índio e o negro. Se temos aí a base de nossa população, não há dúvida de que o grande influxo de imigrantes de origem sobretudo europeia influiu decisivamente em nossos costumes e no nosso folclore, que variam enormemente de uma região para outra, muitas vezes em razão dos grupos de imigrantes que nelas se localizaram.

Somos hoje o resultado de uma salada racial em que descendentes de alemães, italianos, espanhóis, portugueses, japoneses, ucranianos e árabes vieram somar, à nossa vida, uma parcela de seus usos e costumes. Nossa herança folclórica é o resultado direto de todas essas influências.

Assim é que, nos vinhedos do Rio Grande do Sul, as danças têm forte sabor italiano, enquanto os gaúchos das fronteiras com a Argentina e o Uruguai guardam traços indeléveis da influência de nossos irmãos daqueles países. E todas essas danças gaúchas têm suas bases no folclore catalão ou basco que chegou aqui com os imigrantes espanhóis.

Já foi dito por um autor especializado que o Brasil tem tantos folclores quanto estados. E isso não está muito longe da verdade. Nossas danças folclóricas são de influências tão diversas quanto o clima, os imigrantes que nos colonizaram, os africanos de diferentes etnias que para cá vieram como escravos, os meios de subsistência da população, seu desenvolvimento social e cultural e, finalmente, o uso feito pelo clero católico das lendas e dos mitos das raças africanas para convertê-las ao catolicismo e mantê-las sob o seu jugo.

É interessante notar, desde já, que nossas tribos indígenas mantêm até hoje seu comportamento *étnico*. Isso significa que sua dança pouco ou nada influi em nosso folclore, a não ser pelas lendas que nos foram passadas através desses grupos. Os índios conservam, assim, limpas as suas tradições; isso se aplica principalmente às tribos que pouco ou nenhum contato mantêm com o homem branco, pois, infelizmente, parece que o contato com a civilização dilui um bom número dessas tradições.

Por outro lado, temos no Brasil, como em outras nações da América Latina, aquilo que podemos chamar de manifestação étnica "importada", que é o candomblé. Como os escravos africanos mantiveram o caráter profundamente religioso dessa seita, ela permaneceu ligada às suas origens sem se transformar em folclore.

II

De acordo com os especialistas, o folclore brasileiro se divide em dois grupos principais: o *urbano*, ou aquele que é parte integrante da vida das populações citadinas e que domina principalmente no Norte e no Nordeste do Brasil; e o *rural*, que ocupa a maior parte do Sul e Centro-Oeste, mas que se desenvolve principalmente nas aldeias e vilarejos, fora dos grandes centros urbanos.

É interessante observar que o folclore rural subsiste exatamente nas regiões onde se encontram nossas maiores e mais populosas cidades e onde a vida tem maior grau de sofisticação. Esse folclore parece manter-se exatamente em virtude do seu afastamento das grandes metrópoles. As pequenas cidades sofrem bem menos o impacto da civilização e continuam a procurar o seu lazer dentro das manifestações folclóricas, tal como o faziam seus antigos habitantes. Na verdade, essas danças permanecem mais puras quando são interpretadas nos locais mais distantes dos centros civilizados.

Essa divisão geral sofre uma subdivisão, de acordo com as técnicas ou meios de subsistência de cada uma dessas áreas. Assim, as danças locais sofrem, em seu contexto, o impacto do ambiente em que se desenvolvem. Essa conexão aparece não apenas na coreografia em si, mas principalmente nos temas e nos nomes dos personagens. Essas áreas são:

1) área da pesca;
2) área da agricultura;
3) área da mineração;
4) área do pastoreio; e
5) Região Amazônica.

Cada uma destas cinco divisões sofre diversas subdivisões, segundo a região geográfica. É interessante notar que essas divisões se aplicam não apenas às danças, mas a todas as outras manifestações folclóricas, como lendas e festas populares. Se algumas dessas danças possuem traços comuns, devemos procurar em suas bases a razão desse cordão umbilical que as une entre si. Muitas vezes esse traço de união está no tipo de colonização de cada região, o qual, misturado ao meio ambiente, produz o folclore local. Mas não há dúvida de que, por exemplo, as colonizações portuguesa e espanhola foram um ponto de influência básico, tanto no Norte como no Sul do Brasil, ficando as diferenças por conta de outros fatores já citados, como o clima, a miscigenação etc.

É interessante notar que o maior dos traços comuns nelas encontrados é que todas possuem natureza religiosa ou estão ligadas à celebração de alguma festa religiosa. Nesse último caso, não seria gratuito dizer que o clero, para manter o rebanho unido, acabou por permitir essa junção entre folclore e religião, dando uma conotação católica àquilo que era, em princípio, pagão.

Exemplo disso é a Festa do Divino, a qual, dependendo da região, é celebrada no Natal, na Sexta-Feira Santa ou na Páscoa. A Festa da Folia, no interior de Minas Gerais, é celebrada no dia dos Reis Magos; no Sul, no dia de São João; no Norte, no dia de São Benedito.

As festas das áreas marítimas estão geralmente ligadas aos santos protetores dos marinheiros, que lhes proporcionam boa pesca ou os protegem das intempéries. Os cantos e danças dessas festas normalmente contam a história de um milagre ligado ao santo que é celebrado. Aqui se sente a influência clara de danças portuguesas e espanholas, não apenas nas figuras formadas pelos dançarinos, mas também nos ritmos, nos instrumentos e nos objetos usados durante as encenações.

Essas danças só são executadas em dias determinados e, na maioria das vezes, em praças e jardins, diante das igrejas. Pena que algumas dessas danças estejam desaparecendo rapidamente. Diversas delas sobrevivem em pequenas comunidades e seus intérpretes são a geração mais velha; talvez a tradição desapareça com eles. Parece haver um hiato na renovação dos intérpretes – a juventude se mostra desinteressada em continuar com essas tradições.

Felizmente, essa não é uma regra generalizada. Exatamente o contrário parece estar acontecendo no Nordeste, onde a renovação de intérpretes parece se fazer sem grandes problemas. Na verdade, com o auxílio de especialistas, algumas dessas danças parecem estar ganhando nova força e voltando com renovado impacto ao mundo do nosso folclore. Em certos estados, como Paraná, Maranhão, Rio Grande do Sul e Minas Gerais, diversas sociedades foram formadas com o fito de preservar e divulgar o folclore. Mas não há dúvida de que algumas danças apresentadas em vilarejos distantes correm o risco de desaparecer.

III

Na lista de nossas danças folclóricas, existem diversos "bailados" de natureza secular e de origem africana. É possível que, em alguma época, tenham sido danças *étnicas*, se transformando em folclore ao serem transportadas para o Brasil. Dentro dessa categoria estão a congada, o maracatu, a dança dos pássaros, o reisado, o moçambique, os cabocolinhos, o quilombo, entre muitas outras. O escritor e folclorista Mário de Andrade deu-lhes o nome de "danças dramáticas", pois sempre contam uma história com significado dramático.

É estranho notar que esses bailados também estão ligados, aqui no Brasil, a um fato religioso, ainda que não haja qualquer ligação entre a história da dança e o evento religioso. Segundo os especialistas, essas danças foram usadas pelos padres para converter os escravos ao catolicismo. Assim, algumas delas foram ligadas aos "Autos da Conversão e Ressurreição", e os padres simplesmente compuseram novas letras para os cantos africanos, dando-lhes a desejada ligação religiosa. Aos escravos era permitido manter o ritmo, os passos e até as roupas originais, mudando-se apenas os versos do que era cantado. Assim, pouco a pouco, essas danças foram adquirindo uma expressão folclórica, diferentemente do candomblé, que, por ser de fato uma religião, não sofreu essa mutação. Aqui, os negros apenas rebatizaram seus santos e, se assistiam a uma missa de manhã, à noite costumavam celebrar seus orixás em terreiros longínquos e escondidos.

A congada é normalmente citada como dança de conversão, de vez que, aos negros, era permitido dançá-la para celebrar o batismo dos novos convertidos à religião católica. O quilombo, por outro lado, é um dos exemplos da dança da Ressurreição, já que sua execução era permitida na época da Páscoa e os versos cantados falavam exatamente desse milagre da religião católica.

Essas danças seculares aparecem com grande frequência nas regiões onde a força laboral dos escravos era mais volumosa, ou seja, Norte, Nordeste e do estado de São Paulo para cima. Raramente são encontradas no Sul.

Diversas dessas danças têm o mesmo caráter, ou seja, um desfile através das ruas das cidades com paradas em certos locais, onde se interpretam as partes mais importantes da história que se quer contar. A listagem dos personagens é um exemplo da grande mistura da origem de cada uma delas. Numa mesma dança podemos encontrar cristãos e árabes misturados com o rei de Alexandria, o sobrinho de Carlos Magno, camponeses, generais e marinheiros. É interessante comparar a similaridade dessa lista com a dos personagens de uma peça dos "Milagres" renascentistas, cujos caracteres aparecem em muitas de nossas danças.

Se diversas dessas danças, como já dissemos, tiveram sua chance de sobrevivência aumentada com a fundação de sociedades específicas, muitas delas, como o maracatu, transformaram-se em atrações turísticas. Isso significa que sua natureza foi alterada para fazer face às necessidades de coreografia geralmente impostas pelo turismo. Seria necessário que essas sociedades atentassem para o problema e impedissem que sua natureza folclórica fosse se transformando a ponto de chegar ao que chegou o Carnaval carioca, ou seja, manifestação folclórica cujas origens se perderam no tempo e no espaço para se transformar apenas em atração turística, jogo de interesses e grande empreendimento industrial.

5. A dança teatral

I

O famoso crítico inglês Arnold Haskell tem uma definição lapidar, sem a qual ficaria impossível entender historicamente a dança teatral. Diz ele: "O balé é uma arte moderna; a dança é pré-histórica. A história do balé é apenas um momento de toda a história da dança."

Foi essa evolução que tentamos explanar nos capítulos precedentes. O leitor deve levar em consideração que milhares de anos foram resumidos em poucas páginas. Como o que nos interessa aqui é o desenvolvimento da dança como arte, a preocupação foi dar uma impressão geral sobre os primórdios históricos de uma arte que só passou a existir como tal no século XVII.

Há várias maneiras de se considerar a história da dança. Podemos visualizá-la do ponto de vista técnico, do ponto de vista social e do ponto de vista estético. Mas se analisarmos estas três facetas que se nos apresentam notaremos que uma delas, ou seja, a parte técnica, pode ser, e deve ser, submetida às demais. A técnica, por si só, transformaria o artista em mero robô. O próprio Haskell define perfeitamente essa situação ao comparar, em um de seus livros, duas interpretações do papel de Odette em *O lago dos cisnes*: por uma jovem bailarina norte-americana, dotada de excepcional técnica, e por uma bailarina russa, tecnicamente mais frágil, mas que sabia usar seus dotes mecânicos, inferiores ao da norte-americana, para criar a personagem coreografada por Ivanov. Enquanto a norte-americana se preocupava com *quantidade* a russa se preocupava com *qualidade*. E é claro que o lado social e estético ganhou com a interpretação da segunda e perdeu com a da primeira.

Isso quer dizer que a técnica por si só pode transformar a arte da dança em espetáculo circense, quando na verdade ela deve ser empregada em benefício dos valores sociais e estéticos da arte do balé.

Isso não significa que em certos momentos, como nos famosos *pas de deux* dos grandes balés clássicos, seja possível prescindir da técnica e ainda assim dar a interpretação correta. Esses duetos, normalmente encaixados no último ato dos grandes clássicos, têm uma conotação dramática. No terceiro ato de *O lago dos cisnes*, o *pas de deux* do Cisne Negro é o momento em que a filha do feiticeiro, Odile, atrai o Príncipe para fazê-lo trair o juramento feito à Rainha dos Cisnes. Também no último ato de *A bela adormecida*, o *pas de deux* de Aurora e Florimund deve expressar o amor existente entre eles. Se transformados em pura exibição de técnica, e sem o clima que cada um deve ter, esses *pas de deux* perdem boa parte do senso estético planejado por seus criadores.

II

Ao dividirmos a dança basicamente em três etapas, ou seja, *étnica*, *folclórica* e *teatral*, deixamos propositadamente de fora um quarto elo entre o segundo e o terceiro: a dança de salão.

A evolução da dança seguiu este trajeto: o templo, a aldeia, a igreja, a praça, o salão e o palco. O salão inclui todas as danças que passaram a fazer parte da vida da nobreza europeia da Idade Média em diante. Onde, quando e como isso aconteceu seriam o objeto de um volume várias vezes maior que o presente, principalmente porque se abriria um enorme campo para os mais variados debates, obrigando-nos a empreender uma busca histórico-arqueológica que sempre deixaria margem para dúvidas.

Podemos situar o aparecimento dessas danças na época em que a religião católica diminuía seu afã de proibir tudo aquilo que cheirasse a pecado ou a uma ligação com o vencido paganismo. É possível até que as manifestações folclóricas tenham sido submetidas a perseguições nas cidades em que o clero exercia maior poder. Talvez nas aldeias distantes dos centros urbanos essas manifestações sobrevivessem em virtude de menor ação dos sacerdotes católicos. É claro que deve ter havido uma redução nessas manifestações, pois tais espetáculos não podiam ter ficado infensos ao impacto da nova religião. Mas talvez venha dessa época o fato de a grande força do folclore parecer vir sempre das regiões carentes, e não das grandes cidades.

Eventualmente, a segurança obtida pela Igreja Católica levou a um óbvio relaxamento dos costumes, e com isso se reavivaram diversas práticas folclóricas, inclusive as danças. Essa renovação foi, sem dúvida, mais um fator a influir na diferença entre o folclórico e o étnico, pois claro está que a antiga conotação religioso-pagã de várias dessas danças teve de ser abandonada por seus praticantes para poderem interpretá-las.

O surgimento do feudalismo na Europa e todas as mudanças políticas e sociais que se seguiram às invasões bárbaras sem dúvida tiveram parte importante na transferência das danças da praça da aldeia para os salões da nobreza. E com essa transferência veio a diferença entre o que pertence à população menos favorecida e o que pertence ao grupo mandatário e minoritário que, abrigado em suas poderosas fortalezas, podia permitir-se o uso da dança, não mais como manifestação ligada a um evento, mas como pura diversão.

III

Os especialistas em danças medievais são praticamente unânimes em apontar que as danças de salão, que floresceram entre a nobreza europeia, descendem diretamente das danças populares. Ao serem transferidas do chão de terra das aldeias para o chão de pedra dos castelos medievais, essas danças foram modificadas; abandonou-se o que nelas havia de menos nobre, transmudando-as nos "*loures*", nas "alemandas" e nas "sarabandas" dançados pelas classes que se julgavam superiores.

Dentro do panorama histórico do desenvolvimento da dança esse estágio seria o de menor duração histórica, mas, ao mesmo tempo, também o degrau final para o surgimento da arte da dança tal como a reconhecemos hoje em dia.

Neste momento, é importante recordar que os grupos de saltimbancos que percorriam as estradas para se apresentar nas feiras ou nos salões dos palácios incluíam em seus elencos artistas classificados como "bailarinos". Na verdade, tais "bailarinos" eram mais acrobatas do que qualquer outra coisa, ou então grupos de ciganos cujas danças são basicamente folclóricas e não se classificariam como dança teatral no sentido que hoje damos a esse termo.

Tendo se transformado em diversão das classes abastadas, a dança foi se sofisticando e adquirindo movimentos cada vez mais rotulados e específicos. A descrição das danças daquele tempo mostra-nos que elas obedecem a uma verdadeira coreografia, a qual, sem dúvida, foi se formando e se enriquecendo através dos séculos. Já quando chegamos aos séculos XVI e XVII, quando as cortes europeias seguiam rígidas etiquetas, esses verdadeiros códigos de comportamento diziam até como se deveria dançar, quem poderia dançar com quem etc. Foi nessa época que uma manifestação que nascera livre e espontânea atingiu um estágio de verdadeira "camisa de força".

IV

A dança teatral, tal como a conhecemos, iniciou sua trajetória quando Luís XIV fundou, em 1661, a Academia Nacional da Dança. Essa Academia tem funcionado ininterruptamente até nossos dias, uma vez que se transformou naquilo que hoje são a Escola e o Balé da Ópera de Paris. Assim, através de uma linha ininterrupta de bailarinos e professores, temos naquele país o desenvolvimento dessa arte desde o século XVII.

Mas a fundação da Academia seria precedida de diversos estágios embrionários.

O germe daquilo que se converteria no balé foi levado à França por Catarina de Médicis, que queria manter os filhos entretidos enquanto ela se preocupava em governar. A rainha então importou da Itália artistas e cortesãos especializados na preparação de luxuosos espetáculos, e lhes encomendou um sem-número de diversões que deveriam manter a corte distraída durante boa parte do tempo. O espetáculo era uma combinação de dança, canto e textos falados, e seu objetivo era claramente social e político: um passatempo elegante para o monarca e sua corte. Também propiciava ocasiões para o esbanjamento de fortunas e, principalmente, possibilitava a indecente adulação que a corte fazia ao rei. Os temas escolhidos eram geralmente mitológicos, e o rei sempre desempenhava o papel da divindade vencedora, adorada pela corte circundante. Esse gênero de espetáculo serviu até como uma propaganda nacionalista francesa, pois através dele se mostrava aos embaixadores estrangeiros o poderio francês. Os maiores cérebros artísticos da época contribuíram para esses espetáculos. Cenários, roteiros, músicas e roupas luxuosas eram pagos com o dinheiro que, sem dúvida, vinha dos escorchantes impostos a que o povo estava sujeito.

Não há discussão quanto a qual teria sido o primeiro balé a verdadeiramente merecer esse título. Foi o *Ballet comique de la reine*, de Balthasar de Beaujoieux – italiano cujo verdadeiro nome era Baldassaro de Belgiojoso –, apresentado no dia 15 de outubro de 1581. Fora encomendado por Catarina de Médicis por ocasião do casamento de sua irmã Marguerite de Lorraine com o duque de Joyeuse. Os versos foram escritos por La Chesnay e a música foi composta por Lambert de Beaulieu e Jacques Salmon. Beaulieu era parente da rainha. Os cenários e figurinos foram desenhados por Jacques Patin. Cerca de 10 mil convidados assistiram ao espetáculo, que durou das 10h da noite às 3h30 da madrugada e custou a bagatela de 3.600 mil francos.

O libreto foi publicado em 1582, e foi um dos primeiros livros dedicados à dança. O tema ligava-se principalmente à lenda de Circe, a feiticeira que tinha o poder de transformar as pessoas no que ela desejasse – clara alusão à dominadora Catarina de Médicis.

Pouco a pouco esse tipo de diversão foi se espalhando e a nobreza começou a competir para ver quem patrocinava o espetáculo mais luxuoso.

A dança teatral nasceu, assim, como privilégio de uma nobreza vazia e fútil, que encontrava nos faustosos espetáculos uma forma de preencher o vácuo de sua existência.

O *Ballet comique de la reine* é considerado a primeira obra de balé porque Beaujoieux, que era músico e violinista, compôs uma verdadeira coreografia, mostrando extraordinário engenho nas figuras geométricas que constituíam os diversos quadros e na direção do espetáculo, dando-lhe um cunho verdadeiramente profissional.

Claro está que os nobres da corte não tinham qualquer treinamento e que os passos executados estavam dentro das possibilidades dos intérpretes. Mas o conjunto de todos os fatores que se somaram para esse espetáculo é que lhe dá a primazia de ser apontado como a base da arte da dança teatral como a conhecemos hoje. Beaujoieux, ao se cercar de cuidados para que sua obra saísse a melhor possível, sem querer estabeleceu as bases de uma nova forma de arte.

Cem anos depois, durante o reinado de Luís XIV, a dança ganhou ainda maior incremento. O próprio rei adorava dançar e, segundo os cronistas da época, tinha mesmo talento para a coisa. No período entre 1651 e 1669, criou um extraordinário número de personagens desempenhando os papéis mais variados, desde um comediante trivial até a personificação de deuses e heróis da Antiguidade. E Luís XIV gostava de se cercar da nata de sua corte e de artistas. Entre seus primeiros bailarinos estava Bassonpierre, que era marechal de campo de seu Exército e passou a estimular indolentes cortesãos que chegaram a ser verdadeiros semiprofissionais, pois dedicavam todo o seu tempo à dança, Molière escrevia libretos, e compositores como Lully e Beauchamps compunham a música para essas extravagâncias reais.

É interessante notar que, segundo um historiador como Haskell, o balé, tal como o conhecemos hoje em dia, nasceu quando a acrobacia dos ciganos e saltimbancos de feira se misturou com a graça artística dos cortesãos.

Luís XIV fundou, em 1661, L'Académie de Musique et de Danse. Oito anos depois, tendo engordado, o rei deixou de dançar e a corte imediatamente seguiu seu exemplo. Mas as raízes da nova arte estavam devidamente plantadas, e o rei não abandonou seu apoio à Academia que fundara e que se encarregava de preparar músicos e bailarinos para o prazer real.

Tal como já existiam teatros aos quais o povo podia acorrer para ver a última comédia de Molière, logo foram sendo apresentados espetáculos que incluíram a dança como parte integrante de sua estrutura. Comédias-balés como *Psiche*, de Molière, ou óperas-balés como *Les Indes galantes*, de Rameau, são exemplos típicos de que a nova arte ganhava os palcos e um público maior do que tinha quando servia unicamente à diversão das cortes francesas.

6. A evolução técnica e artística da dança

I

Parece que a história da técnica da dança está intimamente ligada à história do vestuário. Na corte de Luís XIV, as mulheres usavam roupas longas e pesadas que ocultavam as pernas e os pés.

Com tais trajes, não havia possibilidade de virtuosismo; podiam-se executar figuras geométricas, mas era impossível o movimento vertical, e não havia como fugir aos eternos conjuntos das "pavanas" e do "minueto".

A história do desenvolvimento vertical da dança resume-se na busca de uma forma de sair do chão e ganhar o espaço. Nos balés desse período, quando havia necessidade de se dar a impressão de um voo, era preciso recorrer a artifícios mecânicos que elevassem os bailarinos do solo. Era a maquinaria substituindo o esforço físico.

A primeira estrela da dança que ousou saltar foi Camargo, em 1721, que provocou um escândalo quando mandou diminuir sua saia umas tantas polegadas, permitindo que se visse parte do seu pé. O pintor Lancret retratou-a por essa época, e nesse quadro podemos ver a enorme saia-balão sob a qual aparecem dois pés delicados.

Historicamente, foi Camargo quem criou o *entrechat*, a capacidade de pular no ar tocando a perna da frente com a perna de trás.

Sua contemporânea, a grande Marie Sallé, avançou mais ainda nessa liberação quando usou drapeados gregos durante o balé *Pigmalião*. Mas esse ato de bravura de Sallé teria de esperar o aparecimento de Isadora Duncan, 200 anos mais tarde, para se firmar definitivamente. Os costumes da época não permitiam ainda a liberação tentada por Marie Sallé, a qual se apresentou demasiadamente cedo para que pudesse ter continuidade imediata.

A batalha entre as pesadas saias e a liberdade muscular continuou até a Revolução Francesa, quando Maillot, modista da Ópera francesa, inventou a malha, que daria maior liberdade de movimentos a todos os artistas. A malha ganhou o beneplácito do papa, que aceitou seu uso nos teatros sob sua jurisdição, só insistindo em que elas fossem azuis para não sugerirem a perigosa cor da carne.

II

As cinco posições básicas do balé, que na nossa época Serge Lifar tentaria aumentar para sete, parecem ter-se estabelecido em inícios do século XVII. Durante esse período foram também, pouco a pouco, se estabelecendo os vários outros passos que formariam a chamada "dança acadêmica".

Na época duas escolas se distinguiram como principais: a francesa e a italiana, as quais se transformaram em duas das escolas básicas da dança clássica tal como a conhecemos hoje. Ainda que essas escolas tivessem a mesma cautela no que diz respeito aos passos básicos empregados, diferiam significativamente no estilo e na forma de usar esses passos. Enquanto os franceses mantiveram seu estilo dentro de uma inspiração sempre consistente, fluida e menos virtuosística, os italianos desenvolveram uma forma de dança mais atlética e vigorosa, na qual a força técnica tinha preponderância sobre a emoção.

Não há como negar aí a influência clara das raízes físicas e culturais de cada povo. Com o passar do tempo essas técnicas se combinariam, criando a forma ideal da dança, que é a técnica somada à estética, permitindo a transposição, em passos e movimentos, das ideias dos coreógrafos.

A partir dessa época a história do balé registra um progresso constante, com descobrimentos técnicos e artísticos que darão impulso à arte recém-nascida. Durante cerca de 200 anos esse crescimento só será interrompido por algum cérebro privilegiado que, codificando ou agrupando os descobrimentos anteriores, se encarregaria de dar um impulso mais forte à arte da dança. Alguns desses gigantes merecem capítulo à parte, uma vez que a revolução por eles imposta foi de tal ordem que seus nomes significam verdadeiros marcos na história da arte da dança.

A transformação da dança, de arte ao alcance de uns poucos privilegiados em espetáculo aberto a todos os segmentos da sociedade, levaria eventualmente a diversos tipos de modificações, como, por exemplo, nos temas escolhidos.

Se até o final do século XVII os balés sempre tinham como tema deuses mitológicos ou heróis da Antiguidade, com o aparecimento de *La Fille Mal Gardée*, em 1786, o povo estava definitivamente no palco, já que esse balé tem uma história de enorme apelo popular, cujos personagens são criaturas com as quais as pessoas sentadas nas torrinhas podiam identificar-se.

La Fille Mal Gardée é a história de uma jovem, filha de uma rica fazendeira, que prefere casar-se com um vizinho pobre a casar-se com o rico marido escolhido pela mãe. Esse tema, que hoje nos parece até simplório, foi para a época uma verdadeira revolução, pois foi o primeiro e forte passo no sentido de que eventualmente desaparecessem os deuses da Antiguidade que até então povoavam os balés.

III

O avanço de todos os itens que somados perfazem a história da dança caminha lado a lado com os progressos técnicos, sociais e culturais do ser humano. A partir do momento em que a dança entrou para a comunidade das artes, não poderia ficar infensa ao mundo que a rodeava. Se assim tivesse acontecido, já teria morrido há muito tempo. Seu progresso, ao contrário, revelou-se verdadeiramente avassalador, em especial nos últimos 80 anos.

O número de colaboradores para o progresso da técnica que se ensina dentro de uma sala de aula é impossível de ser identificado, uma vez que muitos deles nos são até desconhecidos. O que podemos assinalar são alguns pontos básicos que se inserem nos alicerces da dança e sem os quais ela não teria tido o progresso que apresenta hoje em dia. Esses pontos básicos são:

a) a liberação nos trajes;

b) a liberação nos temas;

c) a popularização da dança;

d) seu progresso técnico através da codificação do seu ensino;

e) o aparecimento de figuras como Noverre, que dariam enorme impulso a essa arte; e

f) o progresso técnico, social e cultural da humanidade no período que assistiu ao nascimento da dança como arte.

7. Os grandes inovadores

I

O primeiro dos grandes cérebros e um dos que maior influência exerceram na arte da dança até nossos dias foi J.G. Noverre. Nascido em 1727, era filho de um ajudante de campo de Carlos XII e destinado à carreira militar. São poucos os dados biográficos disponíveis sobre a sua infância, mas se sabe que foi aluno de dança de Dupré e estreou como bailarino aos 16 anos.

Seu primeiro grande êxito como coreógrafo foi *Fogos Chineses*, com cenários de François Boucher. O grande ator inglês David Garrick o convidou para trabalhar no Drury Lane Theater e lhe deu o apelido de Shakespeare da Dança. Como Garrick era um grande ator shakespeariano, parece não haver dúvidas de que a obra do bardo inglês iria influir nas futuras teorias de Noverre. No entanto, quando a França e a Inglaterra entraram em guerra, Noverre teve de fugir rapidamente e voltar a seu país.

De certa forma, parece que o azar o perseguiu durante toda a vida. Pessoa de caráter difícil, sempre lhe foi problemático fixar-se em determinado lugar sem criar problemas de ordem pessoal e, a despeito do seu êxito artístico, ficou mais de 40 anos perambulando pela Europa, difundindo suas ideias, principalmente através de suas famosas *Lettres sur la danse*, publicadas em 1760. Essas cartas constituem um verdadeiro manifesto sobre a arte do balé e seu valor é permanente.

Sua importância, contudo, não vem apenas dessas cartas, de sua obra como coreógrafo e professor. Nas cartas ele sustenta que a dança, tal como a pintura, deve inspirar-se na natureza, pois o coreógrafo se parece com o pintor e deve obedecer às leis naturais da composição. Se o balé da época havia degenerado era porque se contentara em permanecer como os fogos de artifício, proporcionando apenas o prazer dos olhos. Os passos se haviam convertido numa forma sem significado, mas isso não era culpa da arte e sim de quem a estava praticando.

Para Noverre, o verdadeiro balé deveria ser uma pintura viva do drama, cores e luzes do gênero humano. Deveria ser representado de forma tão patética como uma declaração, de forma que através dos olhos se pudesse falar à alma. Em suas teorias, algumas leis do teatro falado poderiam ser aplicadas ao teatro dançado, pois ambos consistem basicamente em uma introdução, um desenvolvimento e um desfecho.

Segundo Haskell, todo o ensinamento de Noverre se resumiria numa única frase: "O balé não é um pretexto para dançar, mas a dança é um meio para se expressar uma ideia dramática."

Está claro que essas teorias de Noverre ajudaram a derrubar os luxuosos e feéricos espetáculos da época, que constituíam principalmente um pretexto para se adularem as grandes figuras políticas do momento. Os deuses mitológicos usados nesses balés voltariam a aparecer mais tarde, num contexto mais humano e mais dramático, não apenas como desculpa para que o monarca se visse no palco como Júpiter ou Apolo.

As teorias de Noverre, em lugar de balançarem os alicerces da dança, deram-lhe um respaldo mais forte, pois lhe acrescentaram um apoio poderoso para que a nova arte pudesse entrar em contato direto com as camadas menos favorecidas. Mas elas não foram aceitas por unanimidade. Na verdade, outro grande teórico e professor, o italiano Gasparo Angiolini, manteve um azedo debate com Noverre sobre o balé dramático. Angiolini atacava, principalmente, as enormes explicações escritas dos balés de Noverre e opinava que um balé dramático seria um fracasso se necessitasse de um programa explicativo para que o público o compreendesse. Para Angiolini, a ação cênica de um balé deveria ser suficiente para que a história fosse compreendida sem que o público tivesse de ler o programa. Esse ponto de vista seria apoiado por coreógrafos como Fokine e Massine, que em seus próprios balés se empenharam em seguir as ideias do mestre italiano. Isso, todavia, não invalida as teorias de Noverre.

É interessante notar que uma das maiores influências de Noverre como coreógrafo e teórico se deu na cidade de Stuttgart, que, na nossa era, foi palco, com John Cranko, de um verdadeiro renascimento do balé alemão. Essa cidade converteu-se num centro de dança, e os mais ilustres bailarinos da época afluíram para participar das produções de Noverre, entre eles Vestris, Heinrel, Dauberval e Gardel, cada um dos quais desempenharia um papel importante no desenvolvimento da dança.

Foi Heinrel quem inventou a *piruette*, que foi aperfeiçoada por Gardel e Vestris, os quais, por sua vez, desenvolveram o *rond de jambe*. Hoje em dia o balé seria inconcebível sem esses movimentos.

Um dos grandes ataques de Noverre foi ao costume de os bailarinos usarem máscaras para interpretarem papéis cômicos e dramáticos, resquício do teatro grego e da Commedia del'Arte. Esse costume foi suprimido quase acidentalmente por Gardel: quando este teve de substituir Vestris, que caíra doente, recusou-se a aparecer com a máscara do rival e impôs como condição entrar no palco sem máscara. Assim o fez, deu uma grande interpretação e o êxito foi tão retumbante que o uso de máscaras acabou sendo abandonado.

8. O balé na Europa

I

Se falamos primeiro do balé na França é porque foi naquele país que as autoridades – ou seja, o rei Luís XIV – deram apoio oficial à nova arte, com a criação da Académie Royale de la Musique. A nova moda acabou invadindo todas as cortes europeias e, de uma forma ou de outra, se desenvolveria em diversos outros países.

Na Áustria, Franz Hilferding foi um dos pioneiros da dança e um dos primeiros diretores do balé do Teatro Real de Viena. Nascido de uma família de atores nômades, ele estudou em Paris com Blondi e em seguida retornou à terra natal. Seu ponto de vista era que se devia dar grande atenção aos cenários, aos trajes e à iluminação do espetáculo, que ele usava como suporte de suas ideias dramáticas. Foi assim que, em 1740, na cidade de Dresden, ele montou a tragédia *Britânico*, de Racine, mas na forma de um balé em mímica. Em seguida ele faria o mesmo com *Alzira*, de Voltaire. Em Viena, criou diversos balés-pantomimas dentro desse estilo, como *Psyché* e *O Rapto de Prosérpina*. Sua fama se espalhou de tal maneira que a imperatriz da Rússia, Elisabete Petrovna, solicitou-o, por empréstimo, ao governo austríaco para que ele fosse a São Petersburgo a fim de aperfeiçoar e renovar o balé local.

II

Quando Hilferding chegou à Rússia, levava consigo boa parte de sua companhia, inclusive as estrelas italianas Santina Auby, Theresa Collona e

Gaetano Cesare. No caso de Auby, essa ida foi um virtual exílio, uma vez que a imperatriz Maria Teresa suspeitava de que ela fosse amante de seu marido, Francisco II. Theresa Collona, nascida em Veneza, fez triunfante carreira na Rússia, onde ficou até 1768. Quanto a Gaetano Cesare, acabou entrando para o Balé Imperial da Rússia, como primeiro bailarino e, mais tarde, como cenógrafo.

Apesar do sucesso, em 1764 Hilferding deixou a Rússia e se lançou numa série de aventuras empresariais que acabariam por arruiná-lo, até que ele morreu na miséria, em Viena, no ano de 1768.

Seu substituto na Rússia foi Gaspare Angiolini, nascido em Florença em 1721. Seus primeiros balés haviam sido feitos para o Teatro Regio de Turim e para Viena, onde substituíra Hilferding quando este fora para a Rússia.

Em 1771 ele escreveu o roteiro e fez a coreografia do balé *Don Juan*, cuja música, especialmente composta por Gluck, é uma das grandes composições feitas para a dança. Nesse trabalho e nos que se seguiram, Angiolini já empregava sua técnica de submeter a dança propriamente dita à ação dramática que desejava mostrar. E essa ação deveria ser tão clara e explícita que o público pudesse entender a história sem ler o programa.

Quando Gluck compôs sua ópera *Orfeu* (1762), os balés foram coreografados por Angiolini. Entre 1763 e 1774 ele encenou uma série de obras heroicas baseadas em figuras da Antiguidade, como *Cleópatra*, *Ifigênia* e *Semíramis*, esta última seguindo a tragédia de Voltaire.

Os temas dessas obras foram considerados "fortes" para a época e originaram muita controvérsia, mas Angiolini persistiu em suas teorias, levando para São Petersburgo até o seu *Dido*, para o qual compôs também a música, muito admirada. Seu período na Rússia foi muito prolífero e, com a *Águia da Verdade*, ele combinou a poesia, o drama e a dança em um único espetáculo. Mas a grande importância desse balé foi ter marcado o aparecimento do primeiro grande bailarino russo, Bablickof Timofei Semenovitch, aluno da Academia de Dança de São Petersburgo. Até o seu aparecimento todas as primeiras figuras do balé na Rússia eram francesas ou italianas.

Angiolini deixaria a Rússia em 1778, carregado de honrarias e com uma pensão do governo russo, estabelecendo-se em Milão, onde seria deportado pelos austríacos ao plantar em seu jardim uma "árvore da liberdade". Perdoado mais tarde pelos bons ofícios do general Moncey, Angiolini voltaria a Milão, mas morreria pouco tempo depois.

III

A dança ganhou muito impulso na Rússia não apenas pelo fato de o país se transformar em refúgio temporário para um bom número de bailarinos franceses e italianos. Na verdade, esse progresso resultou do interesse dos governantes pela nova arte, principalmente das czarinas Ana Ivanova (que reinou entre 1730 e 1740), Elisabete Petrovna (1740-64) e Catarina, a Grande (1762-96). Ainda que esta última não nutrisse grande paixão pelas artes, tinha suficiente perspicácia para perceber que elas davam grande prazer à sua corte e ao seu povo, e fez o possível para encorajar o desenvolvimento da música, da ópera e do balé.

No tempo dessa imperatriz, a maioria dos bailarinos e coreógrafos da Rússia vinha da Itália. Entre eles podemos citar Corsino Tesi, Antonio Rinaldi e Barbara Campanini. Pouco a pouco, porém, bailarinos russos ensinados por professores italianos e franceses começavam a aparecer no cenário. Entre as primeiras a atingirem posição de destaque estavam Axinia Bashorkova e Catherine Lobianskova.

A invasão estrangeira continuava, com o compositor Locatelli, o dançarino Antonio Saco, suas irmãs Andreina e Libera e sua esposa, Anna Conti de Sales. Ao mesmo tempo, o Teatro Petrovsky contratava o coreógrafo Giuseppe Salomoni, que já compusera mais de 50 balés e trabalhara em Veneza, Nápoles, Lisboa, Turim e Milão. Em 1790 ele seria o professor da companhia particular do príncipe Scherentieff.

Mas o sucesso da dança teatral em São Petersburgo não foi fácil. O público era excessivamente rigoroso e a imperatriz não tinha paciência com gente medíocre. Se se mostrava indulgente com as falhas dos mais talentosos, era muito severa com os menos aquinhoados pelo talento. É famosa a história da atriz Valville que, ao ter seu contrato rescindido, diria para Casanova, o famoso viajante e conquistador, que na época vivia na Rússia: "Eu sei que em Paris podemos cantar, dançar e atuar sem ter sequer aprendido (...). Mas aqui, infelizmente, as coisas são diferentes." Ao mesmo tempo, quando a dançarina Chitroff se deixou seduzir por um galante, a czarina, em virtude de seu talento, não apenas perdoou o sedutor, como também acabou apadrinhando o casamento.

Na época, fronteiras políticas não tinham grande influência sobre a vida artística. Os artistas iam em busca de fama e fortuna onde estas lhes acenassem, contratados por governos ou nobres endinheirados que mantinham teatros à sua custa. Essa mistura internacional não apenas ajudou a espalhar a arte da dança. O espírito de andarilho contribuiu para uma permanente troca de ideias e experiências, principalmente quanto às novidades técnicas que se iam apresentando e que, aprendidas por todos, se disseminavam por todo o mundo do balé.

IV

Na Alemanha, as diversas cortes reinantes mantinham companhias de danças ligadas aos seus teatros estaduais. Entretanto, o interesse do público alemão sempre esteve mais ligado à ópera, e o prestígio da dança subia e descia conforme o valor dos bailarinos e coreógrafos contratados em cada corte.

Em Viena, a tradição do Balé da Corte remontava ao século XVII, e continuou durante o século XVIII, principalmente com o trabalho de professores como Alexandre Philibois e sua esposa, Anna Soio, e o do austríaco Peter Crux, que fora aluno de Gardel e dedicou sua carreira à Ópera de Viena e cuja técnica e nível artístico estavam à altura dos melhores artistas parisienses. Já falamos anteriormente sobre Hilferding, Angiolini e Noverre.

A dança se espalhou à corte polonesa, onde, a pedido especial do rei, o casal Pepicq, contratado por oito dias, acabou ficando todo um ano, criando diversos balés para entretenimento da nobreza. Diversas outras capitais, como Riga, Estocolmo, Berlim e Budapeste, tiveram sua cota de franceses e italianos que para lá levaram a nova arte, a qual em poucos anos se expandiu por toda a Europa.

V

A situação na Inglaterra foi um pouco diferente, no sentido de que a proximidade entre Londres e Paris teve como resultado duas fases diversas. A pouca distância tornou bastante fácil que Londres fosse rapidamente invadida por coreógrafos, bailarinos e professores franceses, o que ocorreria por todo o século XIX. Ao mesmo tempo, a extrema severidade dos costumes ingleses, permeada de hipocrisia, impediu que localmente a dança tivesse o avanço que viria a ter na Rússia. Na verdade, só no nosso século é que seriam fundadas as primeiras grandes companhias inglesas de dança. E nenhuma das grandes estrelas que povoaram os palcos ingleses no século XIX era nascida na Inglaterra.

Foi em Copenhague, na Dinamarca, que a Ópera Real abriu uma escola não muito distante dos parâmetros parisienses, escola essa que, sob a direção de Antoine Bournonville e de seu filho Auguste, estabeleceria a distinção da escola dinamarquesa, a qual é reconhecida hoje em dia como possuidora de estilo próprio, dando origem a uma dinastia de esplêndidos bailarinos que perdura até nossos dias.

Além dos Bournonville, os dinamarqueses tiveram em Lucile Graham uma das mais famosas bailarinas do período romântico da dança. Diversas coreografias dos Bournonville continuam a ser apresentadas hoje em dia, num exemplo de valor e continuidade extremamente raros no mundo da dança, com os quais só encontramos paralelo na Rússia da segunda metade do século XIX.

VI

Na Itália, as cortes da Renascença preocupavam-se em manter um dançarino profissional que ajudasse e dirigisse a sucessão de espetáculos e festividades que eram uma constante na vida das cidades-Estado daquele país. Já em 1489, Berganzio di Bota dirigia um "balé-jantar" em Turim, cuja fama extrapolou os muros da cidade.

É interessante notar que esses entretenimentos reais foram importados pela França, por intermédio da rainha Catarina de Médicis, e que, mais tarde, seriam devolvidos à Itália por mestres e professores, franceses ou italianos, que estudaram naquele país.

A dança na Itália centralizou-se principalmente em Milão, mas se desenvolveu também nas cortes de outras cidades, como Nápoles, Veneza, Turim, Florença e Roma, nesta última tendo de lutar várias vezes contra a censura papal, que não via com bons olhos algumas das exibições amorosas dos bailarinos nos palcos, com roupas, para a época, algo reduzidas.

Os grandes professores e bailarinos normalmente trabalhavam nas cidades por duas ou três temporadas, mas a continuidade era sempre interrompida pelo óbvio favoritismo da ópera no coração dos italianos. Isso não impediu que o Scala de Milão, já em 1812, fundasse uma academia para o ensino da dança, apesar de bailarinos terem sido incluídos no elenco do teatro desde a sua abertura, em 1778. Essa escola se transformaria numa das mais importantes do século XIX, formando uma série de bailarinos de grande força técnica e um vigor interpretativo não muito fácil de se encontrar nos demais países – sem dúvida um traço característico dos italianos. Entre as mais famosas bailarinas podemos citar Cerrito, Fuoco, Cechi, Boschetti, Rossati, Ferraris, Legnani e Brianza. De 1830 até cerca de 1850, o Scala seria um dos teatros líricos do movimento romântico do balé. Mas o favoritismo pela ópera foi mais forte, e até hoje, nos teatros italianos, o balé tem uma posição secundária. Apresentando um número reduzido de peças a cada ano, suas escolas produzem excelentes bailarinos que vão brilhar em outros países, já que são poucas as oportunidades que têm na própria Itália.

VII

O balé veio para as Américas trazido por artistas europeus, e só no século atual é que os países do continente formaram suas próprias companhias.

O balé do Theatro Municipal do Rio de Janeiro foi fundado em 1936, e é o segundo mais antigo, após o do Teatro Colón, de Buenos Aires, que remonta a 1922. As grandes companhias americanas são mais novas, uma vez que o American Ballet Theater data de 1940 e o New York City Ballet, de 1948 (descontando-se os nomes e organizações anteriores que essa companhia teve na década de 1940).

Tanto no Brasil como na Argentina, as primeiras companhias de que se tem notícia são os grupos franceses que vieram em 1823, dirigidos pelo cômico Toussaint. No Rio de Janeiro, a 4 de junho de 1826, apresentou-se uma companhia dirigida pelo coreógrafo Marcel, que tinha como primeiras bailarinas Louise Flacon e Mme. Bordon. O público acorreu a ver a nova arte, e houve até brigas entre estudantes que preferiam as dançarinas e aqueles que defendiam as atrizes mais famosas da época. A companhia e a arte receberam o selo imperial quando o imperador Pedro I se transformou numa presença constante em seus espetáculos e lhes estendeu sua mão benfeitora em momentos de apertos financeiros. O repertório da companhia incluía balés famosos, como *Nina, ou La Folle par Amour* e *Robert e os bandidos*.

Nos Estados Unidos, a situação não é muito diferente, ainda que haja registros de espetáculos de dança em Nova York no ano de 1792 e algumas bailarinas, como Augusta Maywood e Mary Ann Lee, tenham alcançado sucesso no século XIX, inclusive na Europa. A maioria dos balés montados nas diversas cidades era de procedência francesa, e só em 1909 é que o Metropolitan Opera House abriria uma escola que começaria a produzir bailarinos americanos em quantidade suficiente para preencher seu corpo de baile.

Durante todo o século XIX, a história da dança na América está intrinsecamente ligada à ópera. Boa parte dos grupos de dança veio para este continente incorporada às grandes companhias de ópera, que chegavam completas da Europa, com orquestra, coro, solistas etc. Na maioria dos casos, os grupos de dança apresentavam espetáculos isolados ou pequenos balés de um ato, complementando a noitada de uma ópera mais curta. Isso não impediu que diversos balés de fama fossem apresentados em países da América, como *O Deus e a Bayadera, La Sylphide, Natalie* e o famoso *Excelsior*, visto no Rio de Janeiro em 1866, quando o empresário Ferrari trouxe da Itália uma companhia com cerca de 260 artistas que incluíam as bailarinas Lamberti e Zambelli.

No Brasil, esse costume continuaria ate 1936, e companhias famosas, como as de Pavlova, Massine, Pavley e Ouriansky, dançavam aqui os balés das óperas que compunham a temporada lírica, em meio à qual apresentavam meia dúzia de espetáculos próprios.

VIII

A intenção de todo este resumidíssimo capítulo é mostrar que o desenvolvimento técnico e artístico da dança não se fez de um momento para outro. Ele foi resultado do trabalho individual de diversos inovadores que, somando as experiências de cada um ao desenvolvimento normal das artes e da sociedade, enriqueceram pouco a pouco o panorama da dança.

Com a fundação da Académie Royale de la Danse, começou o treinamento permanente e dirigido de bailarinos. Ao mesmo tempo, os espetáculos deixaram de ser apresentados só para as cortes francesas, e o povo em geral passou a poder usufruir dessa arte.

As demais cortes da Europa passaram a imitar os franceses e a manter também suas próprias companhias, apresentando o balé perante um público cada vez maior.

Inovadores como Noverre, Sallé, Vestris, Dauberval, Angiolini e muitos outros enriqueceram com seu talento a técnica e o ensino da dança e abriram-na, ao mesmo tempo, para um maior número de propostas dramáticas. A soma de todos esses fatores vai fazer com que a dança, nas primeiras décadas do século XIX, ganhe um apoio popular sem precedente e venha a se colocar entre as artes mais apreciadas.

O nascimento da época romântica do balé dará um tremendo impulso a essa arte, assunto do próximo capítulo.

PARTE II

O balé romântico

9. Razões históricas

I

A época do balé romântico se constitui numa das mais importantes da história da dança. Para muitos escritores, esse período se inicia com o famoso *Balé das Freiras*, parte da ópera *Robert le Diable*, de Meyerbeer, que estreou em Paris no dia 21 de novembro de 1831. Se indubitavelmente aquela ópera representa um marco no desenvolvimento do balé romântico, sua estreia se deu mais ou menos na metade desse período do balé.

Para o escritor e cronista Ivor Guest, o romantismo no balé vai de 1820 a 1847 – da estreia, em 19 de junho de 1820, de *Clari, ou La Promesse de Mariage*, de Louis Milon, à estreia, em 26 de abril de 1847, de *Ozai, ou L'Insulaire*, de Jean Coralli.

Essas datas não foram escolhidas por Guest – reconhecidamente, uma das maiores autoridades no período romântico – de forma aleatória. Ele se baseia em diversos fatos de natureza histórico-artística. Os 26 anos citados constituíram o apogeu desse período, cujos fundamentos remontam à Revolução Francesa e cuja decadência ocorre após 1847, quando o balé romântico se transforma, na mão de gênios como Marius Petipa, no balé clássico, o qual tem como primeira obra de importância uma remontagem russa de *Paquita*. Essa produção seria ainda modificada por Petipa na época áurea do classicismo, em 1881. Esse balé estreara em Paris em 1º de abril de 1846, ou seja, pouco menos de um ano antes da data citada por Guest.

II

O período romântico talvez seja um dos mais conhecidos pelas pessoas não especializadas em dança, através das numerosas litografias da época, que imortalizaram balés e bailarinas.

O estrelismo em matéria de dança já entrara no cenário artístico com figuras como Vestris. Mas o apogeu dessa tendência se dá com o endeusamento de bailarinas como Taglioni, Cerrito, Elssler, Grisi ou Graham. Suas litografias, reproduzidas às centenas, transformaram-se em objetos de decoração nas casas particulares e de negócios da época. No entanto, elas têm hoje em dia um valor bem diferente do que na época em que foram feitas. Através delas temos reproduções fiéis dos trajes usados pelas bailarinas, das cenas de diversos balés e até um pouco da personalidade de cada artista. É claro que devemos descontar a tendência normal dos artistas de ignorarem completamente aquilo que lhes parecia defeituoso. Mas temos exemplos de reproduções aparentemente fiéis. Por descrições da época, sabemos que o bailarino Jules Perrot não era bem-dotado fisicamente, e isso aparece com bastante nitidez nas litografias que temos dele: pernas curtas em relação ao tronco e pescoço praticamente inexistente.

III

As litografias sugerem claramente a ambientação do balé romântico e mostram, ainda, se aquilo será, a um tempo, uma de suas glórias e um dos fatores de sua decadência: o endeusamento das grandes bailarinas e os personagens que interpretavam.

As bailarinas são mostradas quase sempre como seres alados ou extraterrenos, figuras de lenda e de imaginação, bem de acordo com a época, quando as mulheres eram colocadas num pedestal e por seu amor qualquer luta era considerada válida. Com asas ou não, essas bailarinas flutuam por sobre as copas das árvores, sobrevoam cascatas ou se transformam em fantasmas a dançar por florestas enluaradas.

Essa beleza diáfana encantou toda uma geração e forneceu assunto a poetas e escritores, mas, pelo excesso de repetição, somado ao surgimento de novas ideias e novos costumes, esses balés, com raras exceções, acabaram caindo num certo esquecimento, permanecendo vivos apenas nas litografias, nas notícias dos jornais e nos comentários apaixonados de escritores como Théophile Gautier.

10. Os construtores

I

Tal como Roma não se fez num dia, o balé romântico não se produziu com um único espetáculo ou um único movimento. De certa forma, ele se iniciou com a substituição dos balés mitológicos que dominaram até a primeira metade do século XVIII pelo *"ballet d'action"* preconizado por Noverre e Angiolini. Desaparecem os deuses mitológicos e surgem em cena as grandes figuras dramáticas de Corneille e Racine; desaparecem Flora e Vênus, surgem Cleópatra e Medeia.

O balé romântico não apareceu isoladamente. Na verdade, ele é um dos aspectos do grande movimento revolucionário que injetou vida nova em todas as formas de arte no início do século XIX.

O espírito do romantismo era um dos sintomas de um mundo em processo de mudança violenta, e foi o turbilhão da Revolução Francesa e das guerras napoleônicas que preparou o caminho para o seu desabrochar. Ao mesmo tempo, começou na Inglaterra a Revolução Industrial, ocasionando uma mudança tão radical na sociedade humana que não mais se poderia retornar ao passado. A estrutura política e social seria brutal e irrevogavelmente alterada; os novos conceitos sociais de liberdade e igualdade ganhavam cada vez mais adeptos; uma burguesia até então desconhecida passava a controlar bens e riquezas da sociedade, ganhando o domínio do mundo à sua volta. E como essa classe média crescera com ideias e valores diferentes daqueles adotados pela classe aristocrática até então dominante, as mudanças em todas as áreas se tornaram até mandatórias, exigidas pelo novo conceito que surgia, e logo irrevogáveis determinantes do desaparecimento de valores tidos até então como absolutos.

O romantismo era essencialmente um movimento revolucionário, instituindo novos conceitos de arte em oposição às formas rígidas determinadas pelas escolas que haviam dominado a criação artística até então. Antes do romantismo, passamos pela "Idade da Razão", quando os artistas adotavam os clássicos gregos e romanos como fonte de inspiração de suas obras. Podemos dizer que colocavam a beleza da forma e a fantasia de ideias na frente da realidade da vida e da justiça social. Seu idealismo se espelhava na "Idade de Ouro" da Grécia e nos sentimentos patrióticos da Roma Antiga, que tentavam transpor para uma época cujos valores já não eram aqueles preconizados por um César ou um Péricles. Os Luíses de França, além de deterem o poder em suas mãos, tinham pouco ou nada a ver com os heróis da Antiguidade. Por essa razão, boa parte da produção artística desse século parece sempre idealizada, por demais afastada da realidade.

É óbvio que isso não quer dizer que os gênios existentes em todos os períodos da história humana não conseguissem, com seu trabalho, superar a camisa de força dos costumes da época. Um exemplo básico é o de Molière, que escreveu para um rei e sua corte e conseguiu nos legar uma devastadora crítica sobre seu tempo e sua gente.

II

A palavra de ordem dos românticos era a liberdade, o que, na criação artística, significava principalmente libertar-se dos grilhões do classicismo. A grande maioria da nova geração de artistas crescera durante a instabilidade da Revolução Francesa e do Império Napoleônico. Crescendo num mundo que ruía à sua volta, foram buscar dentro de si mesmos, dentro de seus ideais mais pessoais e íntimos, uma nova forma de expressão. Esta viria da imaginação, do talento e da inspiração desses artistas que, em virtude de uma nova era política, puderam voar livremente até maiores alturas. Ao mesmo tempo em que se desviaram quase totalmente das formas até então estabelecidas, eles as tomaram a seu serviço. Outras formas foram criadas, mas condizentes com aquilo que o artista desejava e podia exprimir. Nas mãos dos românticos, a forma é serva, não senhora.

O movimento literário é o primeiro a ser tocado por influências mais fortes, e nele se localiza o que poderíamos chamar de origem dos românticos. Seus primeiros suspiros foram ouvidos na Alemanha, e o nome do novo movimento seria dado, sem querer, por Madame de Staël, quando, em 1810, usou o termo romantismo no seu livro *De L'Alemagne*. No início do século XIX, as literaturas alemã e inglesa alcançaram grande popularidade na França, e as obras de Lord Byron, *Sir* Walter Scott, Goethe, Schiller e Heinrich Heine tiveram grande influência nos novos artistas, insatisfeitos com o excesso de convenções da literatura francesa de então. Pouco a pouco, foram surgindo novas fontes de inspiração, as quais viriam a impregnar a arte romântica em todas as suas manifestações.

Entre estas estavam, por exemplo, o ocultismo e o sobrenatural, que tinham um apelo todo especial para os romancistas, atraídos e fascinados pelo lado mais obscuro da mente humana. Se até então a religião católica constituíra uma barreira intransponível para o uso desses assuntos nas artes, seu enfraquecimento após a Revolução Francesa permitiu que eles emergissem com toda a sua força.

Esses assuntos seriam uma fonte fértil e inesgotável que inspiraria o mundo da fantasia, imaginado por artistas como Hoffmann e La Motte Fouqué, em seus escritos, e Charles Nodier, em seus desenhos. Também no mundo da dança, esses temas apareceriam, não só durante o romantismo, mas também no classicismo, já que figuras exóticas, como ciganos ou *houris*, e figuras míticas, como sílfides, dríades ou princesas transformadas em cisnes, passaram admiravelmente para o mundo da expressão através do movimento.

Foi por meio dessa nova liberdade de inspiração e de expressão que vários caminhos novos foram abertos em todos os setores da vida humana. No caso do balé romântico, essa luta passa a ser uma constante nos libretos das óperas do período, nos quais há quase sempre um herói apaixonado por um ser de outro mundo, pelo qual ele luta até a destruição.

III

Mas não era só o sobrenatural que inspirava e imperava no movimento romântico. O exotismo, principalmente quando ligado à cultura oriental, tinha a mesma importância. O Oriente era até então um lugar por demais distante para que dele se tivesse uma noção exata. Ao mesmo tempo, as poucas notícias que de lá vinham, trazidas por intrépidos viajantes, espicaçavam a imaginação. A falta de detalhes mais precisos, na ausência de uma comunicação mais sistemática, em lugar de tolher a imaginação, dava-lhe, ao contrário, asas cada vez maiores.

Se a visão do artista era romântica no sentido de que a realidade várias vezes era distorcida para permitir o voo das ideias, nem por isso ela estava totalmente despida do contato com fatos reais – pelo menos, dentro da visão que um artista, vivendo em Londres ou Paris, poderia ter da Índia ou da China, através dos meios de comunicação então existentes.

Por meio do exotismo e do sobrenatural, o artista romântico, respondendo emocionalmente a esses fatores liberadores de sua imaginação, dava vazão ao seu talento, marcado pela obsessão com a cor local, com a evocação de paisagens estranhas, com os costumes e o modo de vida de povos longínquos e, eventualmente, com um sempre renovado interesse pelo passado. Muitos balés da época romântica se inspiraram claramente na arte gótica, e seus personagens são colocados num mundo medieval ou renascentista. Na verdade, a não ser no teatro falado ou nos poemas, os mundos da ópera e do balé se esmeravam em colocar seus produtos fora do século em que viviam.

É famoso o exemplo da ópera de Verdi *La Traviata*, cujo fracasso na estreia, no ano de 1853, se deveu a diversos fatores, um dos principais sendo o fato de os personagens se vestirem com trajes daquele ano, ou seja, os mesmos da plateia, que assim se identificava, muito a contragosto, com o que acontecia no palco. Era um realismo alheio ao romantismo a que o público fora habituado até então. Todos os balés da época eram sempre ambientados em períodos distantes.

O balé é uma arte jovem e, de certa forma, secundária, quando chegamos a 1820. Os antigos baletômanos ainda poderiam falar dos talentos de Camargo, Sallè, dos Vestris, dos irmãos Gardel, de Dauberval ou de Madeleine Guimard. Eles tinham assistido ao desaparecimento da antiga ópera-balé e à eventual substituição dos deuses do Olimpo por outros tipos de divindades.

O desenvolvimento do *"ballet d'action"*, na segunda metade do século XVIII, ajudaria a dança a reduzir um pouco mais sua subserviência em relação à ópera, propiciando a ascensão do balé como arte totalmente independente. As ideias de Noverre e Angiolini haviam ganhado aceitação geral, e suas obras seriam continuadas por outros.

Dos irmãos Gardel, o mais velho, Maximiliano, morreu jovem, mas Pierre conseguiu impor o seu domínio mesmo durante os anos de revolução e guerra. Sua popularidade continuou pelo reinado de Napoleão, quando os últimos balés mitológicos foram encenados. Gardel envelheceu, e seu assistente Louis Milon foi quem se encarregou de conduzir a dança por entre a modificação de costumes que caracterizou esse período.

Seu balé mais popular foi *Nina, ou La Folle par Amour* (1813), em que criou um papel dramático excepcional ao qual Émile Bigottini, primeira bailarina da Ópera, daria uma interpretação louvada por todos. Em *Nina* não existem fantasmas nem exotismo, mas a história de uma jovem que enlouquece quando seu pai não permite seu casamento com o homem que ama. *Nina* está para o balé dramático assim como *La Fille Mal Gardée* (cujo coreógrafo original fora Gardel) está para o balé cômico. Ambos foram apresentados para um público que podia se reconhecer nos personagens, já que estes representavam histórias da vida comum, sem a interferência de deuses, fadas ou elfos.

Em 1816, Milon coreografou *Les Sauvages*, que já tinha como cenário os mares do Sul, indicação do exotismo que invadiria os palcos nos anos seguintes. Por essa mesma época, a cor local começava a fazer sua entrada nos palcos, através de danças características dos países em que se passava a história. Danças espanholas, húngaras, russas, italianas ou polonesas eram ingredientes de sucesso certo na composição de um balé romântico.

A adoção de temas sentimentais e o gênio dramático de bailarinas como Bigottini deram ao balé uma expressão maior, antes mesmo que ele fosse afetado pelo espírito do romantismo. Mas é justo reconhecer que essa expressividade não era muito profunda. O balé ainda era uma diversão e, para muitos, apenas a representação mímica de alguma coisa que poderia ser mais bem comunicada com o uso de palavras. O balé só adquiriria prestígio e dignidade nas décadas seguintes, quando foi reconhecido como verdadeira arte. Para isso, teve de descobrir como atender às necessidades do seu público, proporcionando, em cena, a realização visual dos sonhos de cada um, sonhos que ajudavam a escapar de um mundo sinistro, cheio de preocupações e ansiedades.

O balé transformou-se em poderosa fonte de inspiração e ilusão, e o desenvolvimento simultâneo de todos os seus componentes – conteúdo dramático, música, cenários, figurinos, novas formas ou estilos de dança e coreografia – fez dele uma expressão real e efetiva do ideal romântico.

IV

Uma das mudanças mais significativas no balé é o aparecimento do libretista ou roteirista. Até então, com raras exceções, os libretos eram escritos pelos próprios coreógrafos, baseando-se em obras anteriores, antigas, como as tragédias de Racine ou Corneille, os textos literários gregos, inclusive os biográficos escritos por Plutarco.

Se no século XIX o coreógrafo não estará totalmente ausente da preparação do roteiro de um balé, quem predominará serão os escritores. Estes eram homens de letras como Gautier, Scribe, Jules Barbier e outros, já reconhecidos pelo talento literário, que passaram a empregar dentro da nova arte.

Dos dez novos balés apresentados na Ópera de Paris em 1827, oito derivavam diretamente de fontes literárias, como novelas, peças teatrais e óperas cômicas. A partir de 1827, a grande maioria dos trabalhos passou a ser escrita especificamente para a dança, mesmo que o germe de cada ideia pudesse ser encontrado em outras fontes. Assim, *A Tempestade* (1834) remonta à comédia de Shakespeare, *La Volière* (1838) tem traços de La Fontaine, *La Gipsy* (1839) foi inspirada em Cervantes. E as lendas de Heinrich

Heine ganharam vida através de *Giselle* (1841). Isso não quer dizer que não mais houvesse adaptações diretas, mas elas se tornavam cada vez mais raras a partir do aparecimento do cenarista. Durante 16 anos, entre *La Somnambule* (1827) e *Ozai* (1843), só seis dos 29 balés montados em Paris foram versões de obras literárias.

II. Os componentes

I

Os homens de letras que desenvolveram seu talento escrevendo roteiros deram significativa contribuição ao desenvolvimento do balé romântico. Escritores como Scribe traziam sua experiência de teatrólogos profissionais, enquanto outros, como Gautier, davam aos seus textos a visão do poeta. Mas uns e outros possuíam a inigualável experiência de ganhar a vida escrevendo para a burguesia emergente. Como tinham a noção exata do que era necessário fazer para agradar a essa plateia, não lhes foi difícil descobrir como satisfazer o público que frequentava a ópera. Se a nobreza e a alta burguesia ocupavam poltronas e camarotes, os estudantes e o povo em geral se apinhavam nos balcões e galerias, e era necessário um tipo de composição que agradasse a todos.

De todos esses escritores, Gautier era um caso à parte, já que, como poeta perfeitamente integrado ao movimento romântico, sua imaginação voava com facilidade ao reino da fantasia. Mas ele era, ao mesmo tempo, jornalista e crítico teatral. Adquirira profundo conhecimento do balé e das complexidades da técnica de dança. Somava, assim, a ternura à espiritualidade, o prático ao imaginário, o que o fez um perfeito veículo para o estabelecimento do balé romântico, não mais como arte adolescente, mas como arte agora adulta, a ponto de competir com o teatro e com a ópera no gosto do povo.

Os roteiros escritos por esses autores abriam lugar a situações e ideias que sempre refletiam os ideais românticos então predominantes. Entre as novas tendências a ganharem lugar no balé estavam o agudo conhecimento do passado histórico, a noção teatral da cor local e a criação de uma atmosfera cênica de sonho e fantasia.

Enquanto o coreógrafo, o músico e o desenhista faziam, cada qual no seu campo, uma importante contribuição à ilusão produzida nos palcos, todo o processo era iniciado pelo roteirista ou libretista do balé, que naturalmente se baseava num esquema literário, buscando inspiração no seu próprio trabalho ou no de outros autores.

Dentro do ideal romântico, as emoções dos espectadores deveriam ser acirradas, seu olhar maravilhoso através de situações inusitadas. Sob a influência desses roteiristas e literatos, o balé da idade romântica se enriqueceria com novas propostas, uma vez que seus criadores podiam beber nas fontes mais variadas, até então desprezadas pelas convenções de uma época que já estava sendo ultrapassada.

Outro dos traços básicos do desenvolvimento do Romantismo, na arte ou na literatura, é a busca da recriação do passado. Assim, em *Manon Lescaut* (1830), Scribe evocaria a vida do século XVIII; em *La Revolte au Serial* (1833), o ambiente era a Espanha durante a ocupação moura; em *La Gipsy* (1839), o cenário era a cidade de Edimburgo durante o reinado de Carlos II; *Paquita* (1846) se passa na Espanha durante as guerras napoleônicas; e *Ozai* (1847) tem como cenário a França e os mares do Sul durante o reinado de Luís XIV.

Quando não evocava o passado, o roteiro recebia uma injeção de cor local, levada a cabo pelo desenhista, nos cenários, e pelo coreógrafo, na composição de danças pseudonacionais. Como a Espanha era extremamente popular na França, danças desse país aparecem em diversos balés, como *Le Diable Boiteux* (1836) e *L'Orgie* (1831). Mas os países que serviam de ambiente incluíam a Suíça, em *Natalie* (1832), a Itália, em *La Tarantule* (1839), a Bélgica, em *La Jolie Fille de Gand* (1842), a Polônia, em *Le Diable à Quatre* (1843), os Estados Unidos, em *Les Mohicans* (1837), a China, em *La Chatte Metamorfosée en Femme* (1837), São Domingos, em *La Volière* (1838) e a Pérsia, em *La Peri* (1843). Mais tarde apareceram balés ambientados na Arábia, no Japão, no Peru, fora o grande número de obras passadas nas ilhas Britânicas, representantes, sem dúvida, da influência da literatura inglesa em todo o período romântico.

II

A influência mais profunda sofrida pelo balé romântico talvez tenha sido a do romantismo alemão, que introduziu o elemento sobrenatural e inspirou o tema da busca do homem pelo inatingível, personificado naturalmente por espíritos como as sílfides, as dríades ou as Willis.

Com o progresso do desenho dos cenários e da sua iluminação, foi possível criar lugares misteriosos, bailarinas em voo, personagens que apareciam ou desapareciam, provocando na plateia todo um *frisson* bem de acordo com o momento vivido. Mal comparando, talvez toda essa parafernália cênica funcionasse na época como a mordida do Drácula funciona nas telas dos nossos cinemas. Era o inesperado, o misterioso e o desconhecido agindo frontalmente sobre a imaginação já exacerbada de uma plateia em busca de um meio de fuga ao seu dia a dia.

O progresso técnico permitiu que se criasse, na época, aquilo que até então só era visto nos quadros de determinados pintores: clareiras iluminadas por um luar misterioso, acampamentos de ciganos cuja iluminação provinha de fogueiras estrategicamente colocadas. Tratava-se de reproduzir, em ambientação e movimento, as ilustrações dos livros de então, permitindo ao leitor dar asas à imaginação pela soma da imagem ao texto.

Toda essa febre atingiria uma plataforma mais alta em *La Sylphide* (1832), cujo segundo ato, desenhado por Ciceri, era uma floresta iluminada, enluarada, habitada por espíritos. Esse cenário fantástico iria desencadear uma avalanche de obras semelhantes, atingindo o nível máximo em 1841, com *Giselle*. O segundo ato desse balé, passado num cemitério abandonado, iluminado pelo luar que atravessa uma espessa floresta, até hoje nos faz sentir um frio na espinha. Realmente, é a soma perfeita de libreto, coreografia, iluminação, música e desenho. E essa soma acabaria por ser uma das grandes descobertas do balé romântico.

Gautier escreveria: "*La Sylphide* abre as portas de uma nova era na coreografia, e através dela os romancistas entram no Reino de Terpsícore. Após *La Sylphide*, balés como *Zéfiro e Flora* e *Os Filhos de Vulcano* não são mais possíveis. A ópera expulsa os deuses do Olimpo de seu palco e o enche de gnomos, ondinas, salamandras, elfos, peris e todas aquelas criaturas estranhas e misteriosas que tão bem se prestam às fantasias do coreógrafo. As 12 mansões de mármore e ouro do Olimpo estão agora relegadas à poeira do depósito dos cenários, e os cenaristas são solicitados a produzir apenas florestas românticas, vales iluminados pela luz daquela lua alemã que encontramos nas baladas de Heinrich Heine. As malhas cor-de-rosa ainda são cor-de-rosa, pois não há coreografia sem malhas, mas os coturnos gregos foram substituídos pelo cetim do sapatinho de balé. Esse novo tipo trouxe atrás de si uma grande quantidade de gaze branca, tule e tarlatanas, sombras que se dissolvem na névoa dos palcos."

12. Os luminares

I

A música de balé é um de seus componentes mais importantes, existindo mesmo pouquíssimos balés sem música. Nos primórdios do balé como arte teatral, grandes compositores, como Lully e Rameau, não se importaram em compor a música para essa nova forma de arte. Bem ao contrário, pois sabiam que através dela estariam agradando ao rei e à corte.

A popularização do balé teve um efeito estranho sobre os compositores do século XIX, o qual duraria até o surgimento de Delibes, na França, já nas últimas décadas do século. Os grandes compositores românticos, principalmente Chopin, Schubert, Schumann e Brahms, jamais compuseram música para dança, e ficariam mesmo chocados ao verem que suas obras inspiraram alguns dos mais belos balés de hoje. As razões para esse afastamento são as mais variadas possíveis, mas a principal é que o balé, como arte emergente e rapidamente popularizada, deve ter sido julgado um veículo menos digno para o seu talento. Beethoven compôs dois balés – *As Criaturas de Prometeu* e o *Balé dos Cavalheiros* – em condições extremamente especiais; nenhum deles pode ser enquadrado na primeira linha de sua obra.

Durante o século XIX, toda música de balé tinha de ser especialmente composta, e era resultado das exigências do libreto e do coreógrafo, que podia até indicar ao compositor a quantidade e qualidade da música desejada para um solo, um dueto ou uma cena de efeito. A música, conforme as necessidades, deveria evocar a cor local de um acampamento cigano, de um casamento escocês, ou a atmosfera de mistério do fundo do mar ou de uma floresta habitada por espíritos.

Antes do balé romântico, houve mesmo um período em que a música que acompanhava os balés era uma fantasiosa colcha de retalhos de diversos compositores, feita às pressas, sem ideias originais – servia apenas de acompanhamento. A qualidade melhorou após 1820, com compositores como Adolphe Adam e Cesare Pugni dedicando boa parte de suas carreiras à nova arte.

Por estranho que pareça, quando aumentou o cuidado na composição de músicas de balé houve mesmo quem protestasse na imprensa, alegando que estavam tentando dar a uma arte secundária o valor de uma grande ópera e que esses presunçosos logo desapareceriam do cenário artístico.

Por alguma razão, esses detratores não estavam muito longe da verdade: a música de balé que sobreviveu daquela época é, com raras exceções, despida de inspiração, pois boa parte dos compositores – e Pugni é um exemplo básico – colocou seu talento sob a tutela dos coreógrafos e do tema. Poucas são as composições de balé desse período que subsistiram dissociadas do palco e da ação cênica, e que gostaríamos de ouvir em uma gravação.

Os balés de Adolphe Adam, como *Giselle* e *Le Diable à Quatre*, mesmo dentro das convenções da época, são bastante atmosféricos e de uma inventividade acima da média. Compositor de óperas cômicas de reconhecido valor, como *Se Eu Fora Rei* e *Le Postillon de Longjumeau*, Adolphe Adam trouxe para o balé uma qualidade bem maior do que a média de seus contemporâneos.

Outros compositores de ópera se dignaram compor balés. Entre eles encontramos Ferdinand Hérold, hoje em dia conhecido principalmente por sua ópera *Zampa* e pela nova música feita em 1828 para *La Fille Mal Gardée*, na qual ele usa diversos trechos de *O Barbeiro de Sevilha*, de Rossini, e de *O Elixir do Amor*, de Donizetti, sem dúvida com a anuência dos compositores, que eram vivos na época e, ao que sabemos, não protestaram contra esse "empréstimo". A grande ambição de Hérold era compor para a Ópera de Paris, mas na verdade lhe encomendaram apenas balés – além dos já citados, compôs ainda *La Somnambule* (1827), em que usou o libreto da ópera de Bellini. Com um estilo de compor muito elegante, possuía um senso muito grande do uso do ritmo, que empregava exclusivamente para sublinhar as partes dramáticas ou cômicas de seus balés. Infelizmente Hérold morreu cedo, aos 42 anos, em 1833, muito antes de seu talento ter desabrochado completamente. Outros compositores de ópera, como Ambroise Thomas e François Auber, compuseram balés nos estágios iniciais de suas carreiras. Thomas, que nas óperas *Mignon* e *Hamlet* incluiria balés de peso, compôs parte da música de *La Gipsy*, em 1839, e de *Betty*, em 1846. Mas, já compositor famoso e próximo ao fim de sua carreira, voltaria à dança com *A Tempestade*, baseada na comédia de Shakespeare, que, segundo os estudiosos do assunto, mereceria a atenção de um coreógrafo moderno por sua capacidade de traduzir em música toda a magia do texto do poeta inglês.

Fromental Halévy, famoso por sua ópera *La Juive*, compôs em 1830 a música para o balé *Manon Lescaut*, de Jean Aumer, que, segundo os musicólogos, é outro excelente exemplo de dramaticidade musical. Destaca-se o uso, em termos do século XIX, do estilo de música do século XVII, época em que se passa o balé.

Os demais compositores, como Casimir Gide, Girowitz, Kreutzer ou Delvedez, inserem-se na categoria de acompanhadores, pois, além de seu talento ser, sem dúvida, inferior ao dos demais autores citados, não havia em sua música características que a fizessem sobreviver aos balés para os quais foi escrita.

II

Todos esses balés tinham de ser vestidos e ambientados. O avanço da técnica permitia ao cenógrafo da época criar cenários complicados e colocar bailarinos voando, como em *La Sylphide*, ou desaparecendo num palco transformado em fogueira, como em *Le Violon du Diable* ou *Fausto*. Ainda que não existisse luz elétrica, verdadeiros prodígios de iluminação eram obtidos por esses grandes artistas, que, em lugar de apertar um botão de computador, como acontece hoje em dia, eram obrigados a um esforço maior, muitas vezes arriscando sua obra e a própria vida em busca de um efeito grandioso. Parece que a maioria dos incêndios ocorridos em teatros e inclusive a destruição por duas vezes da Ópera de Paris teve como causa os processos de iluminação utilizados na época. E há o exemplo trágico da bailarina Emma Livry, aluna de Maria Taglioni, que morreu das queimaduras sofridas com a combustão de seu traje, que tocara num dos bicos de gás de iluminação do palco.

O cenógrafo procurava recriar no palco a atmosfera romântica da época. Buscava uma mistura de espetáculo, mistério e ilusão que vestia os balés de forma a completá-los, transmitindo ao público a história que se queria contar. A época assistiu ao aparecimento de novas técnicas na construção de cenários, ao maior uso de praticáveis e alçapões através dos quais os personagens podiam aparecer e desaparecer, e à invenção do ciclorama e do diorama. Através deles é possível variar os efeitos de luz por intermédio de cortinas translúcidas. O mesmo período viu o aparecimento da iluminação a gás, que não manchava o cenário e permitia que se produzisse a ilusão de ser dia ou noite. Assim, os palcos podiam oferecer ao público desde castelos góticos até grandes mercados populares, de cerradas florestas a barcos ao sabor dos ventos e de mares tempestuosos.

O nome que surge imediatamente é o de Henri Duponchel, que veio a ser apelidado "o Alexandre da *mise-en-scène*" pela forma com que revestiu os espetáculos sob sua responsabilidade. Durante mais de 20 anos, ele foi supervisor do Departamento Cênico da Ópera de Paris, e sua influência se faria sentir na Inglaterra, na Itália e na Dinamarca. Ele rompeu certas tradições que acreditava serem inconvenientes para o bom andamento do espetáculo. Por exemplo, na Ópera de Paris era costume que a cortina não baixasse nem subisse entre os atos, mas só no princípio e no final do espetáculo. Duponchel quebrou essa regra, obrigando a que os cenários se transformassem fora dos olhos do público, o que contribuiu para aumentar a ilusão. Foi Duponchel quem autorizou o cenógrafo Ciceri a construir seus cenários de forma mais complexa e realista, o que acabaria por originar o estilo não apenas da Ópera de Paris, mas de todos os teatros europeus até o final do século XIX.

O cenógrafo romântico era uma mistura de artista e artesão que trabalhava única e exclusivamente para o teatro. Só muito mais tarde, com Diaghilev, é que artistas plásticos como Picasso se dignaram colaborar com o balé. Essa especialização chegou a tal ponto que a cenografia se transformou em profissão. Durante mais de um século, os cenógrafos, muitos deles trabalhando em sociedade, fundaram firmas especializadas no desenho e na construção de cenários, muitos deles enriquecendo nesse processo. As firmas de Despléchin e Lavastre, Philastre e Cambon, Séchant e Diterle, entre muitas outras, forneceriam ao teatro francês, por várias gerações, cenários luxuosos e realistas, muitas vezes aplaudidos ao levantar do pano.

No final do século, essas firmas entrariam em decadência, uma vez que não se adaptaram aos novos tempos que surgiam e insistiram em manter sua arte dentro de um estilo fadado a desaparecer diante do surgimento de novas propostas de teatro. Hoje, tais sociedades sobrevivem apenas nos verbetes das enciclopédias especializadas.

Reconhecidamente, o maior cenógrafo da época foi Pierre Ciceri. Ele começou a trabalhar na Ópera de Paris em 1809, como pintor de cenários. Já no ano seguinte, com 28 anos, era nomeado chefe do Departamento de Decoração. Além da Ópera, ele trabalhou para diversos outros teatros franceses, inclusive desenhando para dramas e comédias. Ciceri tinha um importante ponto em comum com os cenógrafos de nossa época: ele acreditava que o cenário não devia sobrepujar a ação cênica, e sim compor o palco para que a ópera ou o balé se desenvolvessem da melhor maneira possível. Mesmo não podendo afastar-se do estilo dominante do período, ele conseguiu, com seu talento e inteligência, criar uma obra acima da média de sua época.

Percebendo o valor do jovem, Duponchel mandou-o estudar as técnicas italianas em Milão, o que resultou em cenas até hoje famosas, como a erupção do vulção em *A Muda de Portici* e a fantasmagórica cena do claustro abandonado em *Robert le Diable*. Mais tarde ele seria responsável por obras até hoje encenadas, como *La Sylphide* e *Giselle*. Seu trabalho era de tal ordem que o crítico Fiorentino declararia que diversos cenários de Ciceri deveriam ser preservados em museu para que a posteridade lhes tivesse acesso. Mesmo isso não tendo sido feito, se acreditarmos que as litografias da época copiavam com exatidão os cenários e os trajes, a obra de Ciceri era realmente admirável. Ele e seus discípulos conseguiram reproduzir na época uma grande variedade de locais, desde o antigo Egito até as florestas românticas da Alemanha, com escrupulosa atenção a detalhes históricos e geográficos.

Alguns desenhistas de trajes também ficaram famosos. É o caso de Eugène Larmi e Paul Lormier, que buscavam a melhor associação possível entre a autenticidade dos costumes e a sua adaptação, para que os bailarinos pudessem movimentar-se com facilidade. Não há dúvida, no entanto, de que boa parte dos desenhistas de trajes trabalhava dentro de convenções preestabelecidas e se preocupava apenas em fornecer aos bailarinos roupas que lhes facilitassem os movimentos, sem muita imaginação ou criatividade. Só no século XX é que os trajes adquiriram uma importância tão grande quanto o cenário, passando a ser normalmente encomendados ao mesmo artista por ele responsável.

III

Entre os coreógrafos que mais se destacaram nesse período estão Jean Aumer, Filipo Taglioni, Jean Coralli, Joseph Mazilier e Jules Perrot. Mas o trabalho desses criadores nasceu, na verdade, com Dauberval, em seu balé *La Fille Mal Gardée*. Seu verdadeiro nome era Jean Bercher, e ele estudara com Noverre e Gardel, absorvendo assim todas as teorias do "*ballet d'action*", as quais empregaria às mil maravilhas na obra citada.

La Fille Mal Gardée – ainda hoje em muitos repertórios, na versão de Marius Petipa, ou na mais recente, de Frederick Ashton – acabou com todos os tabus do balé do século XIX. Em Bordéus, no ano de 1786, foi um incrível sucesso, principalmente junto às camadas mais populares da audiência. E isso porque em *La Fille* não existem deuses nem nobres, mas uma simples história passada no meio de gente do campo, que até hoje tem sua razão de ser. A história da mãe fazendeira que deseja casar a filha com um rico vizinho, mas acaba cedendo, permitindo que ela espose o homem a quem ama, pode soar hoje tola e romântica, mas, se pensarmos bem, ela não está muito afastada de fatos semelhantes que encontramos ainda em nossos dias, principalmente fora das regiões urbanas. Com essa obra, Dauberval deu uma contribuição significativa no sentido de enterrar o passado e abrir caminho ao romantismo que surgia.

Outro pioneiro foi Louis Milon, que estudou na Ópera e, além de coreógrafo, era considerado excelente bailarino clássico. Entre 1799 e 1820, ele produziu diversos balés que apontavam na nova direção, merecendo destaque *Nina, ou La Folle par Amour* (1813), *L'Épreuve Villageoise* (1815) e, pricipalmente, *Les Sauvages de la Mer du Sud* (1816), em que já encontramos a inclinação para situações e lugares exóticos que tanta importância viria a ter nessa era do balé.

Também importante foi Charles Didelot, nascido em Estocolmo, mas que estudou na França, inclusive com Dauberval, obtendo assim, praticamente em primeira mão, as teorias de Noverre, que poria em prática numa longa carreira de coreógrafo iniciada em 1781, com o balé *Freya*, e encerrada apenas com *Dido*, em 1827. Também na obra de Didelot encontramos as novas tendências em balés como *O Califa de Bagdá* (1818) e *Raoul de Créquis* (do mesmo ano), sobre as aventuras de um cruzado.

Durante seus últimos anos, em que trabalhou na Rússia, os escritores daquele país não pouparam elogios à sua obra. O próprio Pushkin declarava que "os balés de Didelot possuem grande encanto e uma imaginação de rica qualidade". Em Londres, no ano de 1812, um crítico escrevia: "A arte de Didelot é admiravelmente expressa em seus quadros vivos. Ele anima cada parte de sua coreografia e a nossa vista é atraída não apenas pela variedade e pelo interesse do espetáculo, mas pela emoção que nos vem do palco." Tal como seus antecessores já citados, Didelot foi mais um degrau no caminho do balé romântico.

O mesmo aconteceria na Itália com o napolitano Salvatore Vigano, outro aluno de Dauberval e consequentemente preparado segundo as teorias de Noverre. Vigano trabalhou em Viena e principalmente em

Milão, onde, como diretor do balé do La Scala, pôs em prática as teorias do seu mestre. Como bom italiano, Vigano se inspirou em diversas tragédias populares daquele país e da Grécia, como *Dédalo*, *Prometeu*, *Otelo* e *La Vestale*. É interessante notar que Vigano não trabalhava com música especialmente composta, mas reunia uma colcha de retalhos. A música de *La Vestale*, por exemplo, inclui trechos do próprio Vigano e de compositores como Beethoven, Carafa, Mozart, Rossini, Spontini e Weigl.

O primeiro coreógrafo cuja carreira se encaixa quase totalmente nesse período é o parisiense Jean-Pierre Aumer, outro que trabalhou com Dauberval. A obra de Aumer já está inteiramente dentro do século XIX, e seu primeiro balé de importância, *Les Deux Créoles* (1806), tem como cenário uma das ilhas do Caribe dominadas pela França. O tema – uma jovem tão apaixonada que é capaz de nadar atrás do navio do homem a quem ama – se insere, por completo, nos ideais do romantismo. Sua última obra é *Manon Lescaut* (1840), que, junto com *La Somnambule* (1827), concorda em gênero e número com os dogmas então em vigor.

Dos demais coreógrafos citados, Taglioni ficou tão famoso por sua obra *La Sylphide* quanto por seus filhos, Marie e Paul, que seriam não apenas extraordinários bailarinos, mas também coreógrafos de uma fase já decadente do balé romântico.

Segundo cronistas da época, Taglioni era especialmente feliz na criação de personagens através de movimentos e no deslocamento de grandes massas de bailarinos. Já nessa época, as regras do romantismo imperavam, não havendo como fugir delas.

As carreiras de Mazilier e Albert são mais ou menos paralelas, e Coralli e Perrot são os nomes que levarão o balé romântico ao pináculo do sucesso em sua época. Sua influência seria tão forte que, à exceção de Bournonville, na Dinamarca, dominaria o mundo da dança em praticamente toda a Europa, de Londres a São Petersburgo.

Os mais famosos e também melhores coreógrafos da época, Coralli e Perrot, juntos dariam ao mundo uma das obras-primas da dança – *Giselle* (1841). Hoje, está mais ou menos estabelecido que Perrot era responsável por todos os solos e duetos do papel-título, criado para sua então esposa, Carlota Grisi; e Coralli, pela parte restante do balé, o qual, até nossos dias, é o epítome de um estilo e uma de suas obras mais perfeitas. Sem dúvida alguma, apesar de *Giselle* ter sido imaginada e composta dentro dos cânones do romantismo, o valor individual de suas partes e a obra como um todo fizeram com que superasse os modismos de cada geração e permanecesse até hoje com sua validade inalterada.

Coralli, apesar do nome italiano, nasceu em Paris e, entre 1800 e 1854, trabalhou sem cessar em Viena, Milão e na própria capital francesa. Segundo Arthur Saint-Léon, seu estilo de composição era essencialmente francês, isto é, refinado, elegante e poético.

Quanto a Perrot, que nasceu em Lyon em 1800, era possuidor de um temperamento fogoso e grande leveza de movimentos, oriunda, sem dúvida, do início de sua vida profissional, quando foi acrobata de circo. Tendo estudado com Vestris, dele recebeu a técnica que eletrizava as plateias. Segundo Gautier, Perrot não era bonito, bem ao contrário, mas seu talento de artista fazia com que no palco ele se transformasse.

Sua carreira foi longa e todas as grandes bailarinas da época sentiam-se honradas em dançar em seus balés, ja que como poucos ele sabia criar esplêndidos veículos para que elas exibissem a sua arte.

Segundo cronistas da época, Perrot era daqueles coreógrafos que se sentavam no chão e deixavam os bailarinos esperando à sua volta. Com a cabeça entre as mãos, o coreógrafo estava trabalhando mentalmente. De repente, dava um pulo: era o sinal de que chegara a uma conclusão, e o ensaio prosseguia sem que ele mudasse um passo sequer do que ficara pronto em sua cabeça.

Esses homens foram os responsáveis por uma avalanche de obras que encantaram as plateias na primeira década do século XIX. Os grandes teatros de ópera começaram a dividir seu tempo com a dança, e esses artistas começaram a ser vistos no mesmo plano dos grandes compositores, pianistas ou cantores. Trabalhando sem cessar, de um lado a outro da Europa, ajudaram a espalhar e a consolidar a arte da dança através de todas as camadas sociais que enchiam os teatros para ver um novo balé de sucesso ou seu bailarino preferido, da mesma maneira que os enchiam para ver uma nova ópera de Rossini e Donizetti, ou cantoras como Malibran.

Durante todo esse período, é claro que a técnica de dança avançava pouco a pouco. Em *La Sylphide* (1830), só a bailarina principal sobe nas pontas; em *Giselle* (1841), todas as bailarinas, no segundo ato, já usam sapatilhas de ponta. É interessante notar que, em um número bem elevado desses balés, as pontas só eram usadas pelas bailarinas principais ou por aquelas que interpretavam seres imaginários como Willis e peris. Gradualmente, o uso das pontas se difundira de tal forma que, no período áureo do balé clássico, só as dançarinas de caráter ou intérpretes de papéis mímicos é que usarão sapatos ou sapatilhas sem ponta.

13. A decadência

I

Chegamos, finalmente, a uma das razões básicas do declínio do balé romântico e que, paradoxalmente, foi também uma das fontes do seu sucesso: os bailarinos.

Como toda arte que progride, a dança não tardou a criar suas musas sagradas. Já falamos em Vestris, Gardel, Camargo e Sallé. Dos coreógrafos citados no capítulo anterior, talvez só Filipo Taglioni não tenha sido um grande bailarino. Não há dúvida de que Aumer, Perrot, Mazillie e Albert o foram, e se houve um período em que, tal como na Antiguidade, o bailarino reinou, seu domínio se foi gradualmente transferindo para as bailarinas, sendo quase inexistentes as obras em que o papel principal não é veículo para uma delas. Fanny Cerrito, Fanny Elssler, Lucile Graham, Carlota Grisi e Maria Taglioni dominavam a cena. Essa situação nada tem de estranho se levarmos em conta que a mulher era o ideal do período romântico. Por ela e pelo seu amor todos os sacrifícios eram válidos, e os heróis dos romances e novelas praticavam as mais incríveis proezas na tentativa de conquistá-lo. Fossem como ciganas, odaliscas ou sílfides, era sempre em torno do principal papel feminino que giravam quase todas as histórias do balé. Mesmo em obras como *Fausto*, *Marco Bomba* e *Marcos Spada*, os papéis principais de dança, aqueles que recebiam o melhor quinhão de inspiração do coreógrafo, eram sempre os das grandes estrelas.

Suas litografias enchiam as salas da burguesia de então. Os estudantes digladiavam-se nos bares e nas ruas, cada grupo defendendo ou promovendo os valores de sua favorita. Os poetas lhes dedicavam versos, e muitas vezes seus nomes aparecem como personagens das novelas e romances da época.

Todos esses fatores iriam acabar levando à criação de uma fórmula, e aí temos uma das principais razões da decadência em que o balé romântico vai entrar a partir dos últimos anos da primeira metade do século.

II

Quais os meios que elevaram tais artistas a esse plano? Basicamente, os mesmos de hoje em dia, ou seja, a capacidade interpretativa somada a uma técnica acima da média. Ao se falar em técnica, não devemos esquecer que esta se encontrava num período de pleno desenvolvimento e que a cada geração de dançarinas que surgia esse fator se ia enriquecendo. No entanto, quando vemos hoje a versão dinamarquesa de *La Sylphide* que Bournonville fez para Graham e que se manteve mais ou menos inalterada, podemos verificar que aquela bailarina já possuía uma técnica apreciável pelos padrões atuais. Foi possuidora de elevação incomum e de dotes interpretativos bastante diferenciados. Graham fora criada na escola dinamarquesa, a qual, como verificaremos mais adiante, atravessara quase incólume o período de decadência do balé romântico.

Tal como hoje em dia, todas as bailarinas citadas tinham suas características pessoais. Assim, Taglioni era a rainha da elevação, a figura ideal para interpretar as personagens míticas dos balés de então. Em comparação, a austríaca Elssler parece ter encontrado seus melhores papéis nas ciganas ou sultanas dos balés mais exóticos. As italianas Grisi e Cerrito possuíam vigor dramático, somado a uma técnica mais poderosa, geralmente identificada com a escola de seu país.

Essas observações não são gratuitas. Como já dissemos, esses artistas da dança foram fontes inspiradoras dos artistas da pena e do pincel. E é através do muito que foi escrito sobre eles e sobre sua arte que podemos chegar às nossas conclusões. É totalmente irrelevante imaginar se hoje teríamos a mesma opinião de um Gautier. As circunstâncias eram de tal forma diferentes que seria perda de tempo especular sobre uma impossível comparação entre uma Taglioni e uma Fonteyn. Tais comparações, além de não levarem a coisa alguma, são estéreis do ponto de vista do progresso da dança.

III

Inevitavelmente, todos os fatores descritos acabariam por fazer com que o balé romântico se transformasse numa fórmula quase obrigatória, verdadeira camisa de força dentro da qual os artistas eram obrigados a trabalhar. Os mais talentosos podiam, ocasionalmente, colocar-se acima da mediocridade generalizada que não tardaria a imperar. Mas a imposição dos empresários, que tinham descoberto um filão rendoso do qual queriam tirar o máximo proveito, levaria o balé romântico a um período bem menos brilhante. Os anos de transição até o aparecimento das obras-primas de Petipa e das composições de Delibes e Tchaikovsky assistiriam a uma sucessão de balés sofrendo das doenças comuns ao crescimento e ao progresso de qualquer espécie de arte.

Como declínio da qualidade do balé romântico, veio também a queda de sua popularidade. Os princípios de Noverre e Angiolini haviam sido pouco a pouco abandonados, e o balé já não constituía uma arte em si, mas uma distração para o conceituado homem de negócios. O balé não interessava aos músicos ditos sérios, e seus compositores se haviam transformado, com raríssimas exceções, em fabricantes de músicas.

Na verdade, o que estava acontecendo é que o romantismo começava a ceder ao impacto do realismo, que já era detectado no teatro e na literatura. Como meio de expressão de um movimento que caíra de moda, o balé passou a ser olhado com menos respeito, o bailarino quase não existia. O que interessava ao elegante era frequentar o "*foyeur de la danse*" à procura de caras novas entre as jovens componentes do corpo de baile. De muito pouco que sobrou desse período, destacam-se os quadros de Degas.

Duzentos anos após a fundação da Académie Royale de la Danse, o balé estava em bancarrota no seu próprio país de origem: convertera-se em mero veículo para galanterias e para o entretenimento da burguesia, que dele se servia como mero passatempo antes de um bom jantar. E isso menos de uma década após o seu apogeu. O balé entrou em crise e talvez perecesse, não fosse a sua transferência para outros países e o aparecimento de novos talentos que injetaram sangue novo no doente. Claro que o período não deixou de ter seus destaques. Entre os coreógrafos, Paul Taglioni, Arthur Saint-Léon, Lucien Petipa e Louis Mérante conseguiriam emergir do mar de mediocridade que os cercava, mas é interessante notar, por exemplo, que os melhores balés de Saint-Léon foram compostos na Rússia, não na França. Entre as bailarinas sobressaíram alguns nomes como os de Caroline Rosatti, Marta Muravieva, Salvioni, Amalia Ferraris e Rita Sangalli. E, entre os homens, os irmãos Petipa e os próprios Mérante e Saint-Léon.

IV

O público acabou se cansando de cenários complicados e histórias arrebatadoras. E a esse cansaço se juntou a decadência do bailarino. O endeusamento das grandes bailarinas pela imprensa e pela literatura contribuiu para que o homem fosse relegado a um segundo plano, nada favorável ao balé. A coisa chegou a tal ponto que, quando *Copélia*, de Delibes, teve sua estreia na Ópera de Paris, em 1870, o principal papel masculino, Franz, foi interpretado por uma bailarina *en travesti*, Eugénie Fiocre.

Isso não quer dizer que estes anos não assistissem ao aparecimento de obras de valor, como *Sylvia* e *Copélia*, de Delibes, e *Namouna*, de Lalo. Entretanto, o eixo da dança se transferira de Paris para São Petersburgo, pois nesta última cidade é que o francês Marius Petipa daria início à arte do balé clássico, que dominaria por mais de 50 anos.

E seria da Rússia que viria, em 1909, a explosão dos Balés Russos de Diaghilev, responsável por uma guinada de 180 graus na história da dança.

Paris perderia o domínio, mesmo que sua companhia oficial continuasse em operação. Apenas o balé francês dessa época não receberia o impacto literário da primeira metade do século XIX. Seria um divertimento a mais da burguesia de então, que se satisfazia com grandes espetáculos acompanhados por música duvidosa. Como exemplo, cite-se o insucesso de *Namouna*, de Lalo, cuja música foi acusada de excessivamente sinfônica, tal como o foram as de Delibes anteriormente. Houve uma espécie de acomodação generalizada que atingiu boa parte dos criadores e intérpretes franceses da segunda metade do século XIX. E deveremos viajar até Moscou para encontrarmos o rejuvenescimento do balé e sua libertação final dos grilhões que lhe haviam sido impostos pelo Palais Garnier.

PARTE III

O balé clássico

14. O reinado de Petipa

I

Marius Petipa nasceu em Marselha, em 11 de março de 1818, e morreu em São Petersburgo, no dia 1º de julho de 1910. No ano do seu nascimento, Aumer estreava seu balé *Alfredo, o Grande*, e no ano de sua morte o grande sucesso da dança era *Sheherazade*, de Fokine. Durante o período de sua vida, o balé romântico cresceu, atingiu o apogeu e entrou em decadência, seguido pela era do balé clássico, do qual Petipa foi o máximo expoente, e chegou até a revolução de Diaghilev. Ao longo de seu reinado no Balé Imperial Russo, que durou de 1858 até sua morte, ele compôs 54 balés novos, reconstruiu 17 balés antigos e fez as danças para 35 óperas. Sem dúvida, uma das mais longas e profícuas carreiras de toda a história do balé e que dominaria por completo a segunda metade do século XIX, constituindo a influência máxima sobre aquilo que se convencionou chamar de balé clássico.

Petipa era filho do bailarino e professor Jean-Antoine Petipa e de uma atriz chamada Victorine Grasseau. Aos sete anos começou a aprender dança e em 1831 estreava em Bruxelas. Quando a família se transferiu para Bordéus, em 1834, o jovem Petipa, aos 16 anos, foi ser primeiro bailarino em Nantes, onde começou a produzir pequenos balés. Depois de diversas viagens, inclusive aos Estados Unidos, em 1839, trabalhou na Espanha e na França até que, em 1849, foi convidado para ser primeiro bailarino em São Petersburgo, onde em 1858 criaria seu primeiro balé, chamado *Um Casamento no Tempo da Regência*. Seu último balé, *O Espelho Mágico*, produzido em 1903, foi um fracasso. A idade já o alcançara e, após reinar tantos anos, ele se ressentia do impacto de novos talentos como Alexander Gorsky. Mas, durante esses anos, nos legou obras da maior importância, como *D. Quixote* (1869), *La Bayadère* (1875), *A Bela Adormecida* (1890), *O Lago dos Cisnes* (1875), *Raymonda* (1898), *As Estações* e *Os Milhões de Arlequim* (ambos de 1900).

A carreira de Petipa exerceu tal influência que todos os demais coreógrafos da época, como seu assistente Leo Ivanov, quase desaparecem sob a sombra do genial marselhês.

II

Qual a influência de Petipa e por que dar um nome específico a esse período do balé?

O sistema de vida na Rússia teria uma influência distinta sobre o balé, muito diferente do que acontecia na França. A época da Revolução de Outubro ainda estava distante e o balé não era apenas um divertimento do czar e de sua corte, mas uma arte teatral que pertencia à vida do povo russo. Ao mesmo tempo, as diversas convulsões políticas por que haviam passado a França e a Itália no século XIX não atingiram a Rússia, pelo que não houve quebra de continuidade no trabalho.

De todo modo, não há como negar a importância do próprio gênio de Petipa, que, com o auxílio de excelentes professores e bailarinos de escol, daria um grande impulso ao desenvolvimento da técnica clássica. Sem dúvida alguma, uma de suas maiores contribuições foi o desenvolvimento dos elementos puramente dançantes do balé. Petipa possuía um senso arquitetônico inigualável, o que fazia dele um inspirado construtor de danças para corpo de baile. A essa qualidade acrescentava um inato conhecimento dos artistas para quem estava criando, e para eles coreografava solos e duetos que demonstravam, com exatidão, as qualidades particulares de cada um. Na construção do arcabouço de seus balés, usava menos mímica que no passado, só empregando esse recurso quando isso se fazia estritamente necessário.

Sobrou o suficiente da obra de Petipa para que possamos ver, com os próprios olhos, o valor do seu trabalho. Números como o chamado *Reino das sombras* – na verdade o terceiro ato de *La Bayadère* – mostram seu talento técnico na movimentação de grandes massas de bailarinos, mesmo levando-se em conta as estreitas regras da época. Toda a coreografia de *A Bela Adormecida* está repleta de joias da dança clássica, como o "Adágio da rosa" e as variações das "Fadas", no prólogo, que atestam a inventividade e criatividade de Petipa. E se *Raymonda* vive até hoje, isso se deve à música de Glazunov e ao seu trabalho coreográfico, pois o libreto de Lydia Pashkova é comumente citado como um dos mais imbecis jamais escritos para a dança.

III

Durante todo o seu tempo como comandante em chefe do balé russo, Petipa se esforçou, insistentemente, por desenvolver a técnica da dança. Exigia de seus principais o maior padrão de execução e influenciou no currículo da Escola Imperial de Dança de maneira a que esta formasse alunos de gabarito técnico cada vez mais alto. Isso o levou a contratar e levar para a Rússia diversas bailarinas italianas, como Ferraris, Brianza, Cornalba e Legnani, de vez que a Itália continuava a produzir em suas escolas bailarinos tecnicamente muito bons, ainda que o balé italiano, como arte, estivesse em uma de suas piores fases. Petipa chegava a estimular a competição entre os bailarinos, buscando, ao mesmo tempo, qualidade e quantidade na técnica que exigia. E foi exatamente através do enriquecimento técnico que ele nos legou obras que até hoje são privilégio das grandes estrelas da dança.

Isso não quer dizer que ele tenha transformado a dança em acrobacia. Na verdade, ao contrário da maioria dos coreógrafos de sua época, ele admirava as boas tradições do balé romântico francês, das quais ele mesmo era bom exemplo, mas é possível que soubesse que existem na dança movimentos pertencentes, de certo modo, ao reino da acrobacia e que, como todas as artes roubam um pouco umas das outras, não haveria mal algum em incorporar à técnica do balé efeitos que até então poderiam ser classificados como circenses. O equilíbrio de uma bailarina nas pontas ou a execução de 32 *fouettès* são alguns exemplos de coisas que hoje consideramos absolutamente normais num palco, mas que, na época, foram classificadas como truques de circo. A grande Ana Pavlova, por exemplo, não executava *fouettès*, para ela um passo acrobático indigno da sua categoria de estrela do balé.

É claro que Petipa não foi o único a contribuir para essa nova era da dança. O sueco Gustav Johannsen e o italiano Enrico Ceccheti, principalmente na categoria de professores, desenvolveram todo um trabalho de base que persiste até hoje. É comum ver anúncios de escolas de dança que indicam ensinar através do "Método Ceccheti".

Da virada do século até hoje, o maior enriquecimento do ensino da dança viria através de outros métodos, como o moderno e o *jazz*, uma vez que com a dança clássica se atingiu praticamente o limite das possibilidades dos bailarinos. Pode parecer paradoxal, mas a dança clássica não permaneceu estacionária. A ela se incorporaram passos e figurações vindos de outras técnicas, como por exemplo as "levantadas" soviéticas – em que o bailarino levanta sua *partner* com apenas uma das mãos –, acrobacia circense que se incorporou definitivamente ao vocabulário do balé clássico.

Ao mesmo tempo, a modernização dos trajes e a liberação dos movimentos fez com que o vocabulário clássico passasse a ser apresentado de outra maneira. Mas as bases assentadas por Petipa, Johannsen e Ceccheti continuam a fundamentar o trabalho nas salas de aula, somadas ao desenvolvimento ocorrido nas últimas décadas.

IV

Petipa trabalhou quase toda a sua vida para o Balé Imperial Russo, numa época em que a dança dividia com a ópera, sem hegemonia, o palco dos

Teatros Imperiais. Na verdade, houve momentos – principalmente durante o período em que Ivã Vzevoloshsky foi diretor dos Teatros Imperiais – em que a dança talvez tenha levado ligeira vantagem sobre a ópera. Isso era exatamente o contrário do que ocorria na França e na Itália, principalmente neste último país, em que a decadência do balé romântico levou ao efetivo domínio da ópera.

No ano de 1862, quando Petipa obteve o seu primeiro grande sucesso com o balé *A Filha do Faraó*, o êxito alcançado fez com que só esse balé fosse representado mais de 30 vezes. Na mesma temporada, o Scala de Milão teve apenas 49 espetáculos de quatro balés, contra 119 representações de 11 óperas. Mesmo levando-se em consideração a diferença dos sistemas social e político, não há como negar que, na terra dos czares, o balé se entrincheirou durante o reinado de Petipa, e de tal forma que jamais perdeu sua posição.

No tempo de Petipa, o roteiro de um balé era geralmente decidido entre ele e o diretor dos Teatros Imperiais. Quando não escrevia seu próprio libreto, encomendava-o a baletômanos cuja única atribuição era dividir a história de forma a que ela servisse de desculpa para uma sucessão de danças. Em muitos casos, essas histórias eram de tal modo lineares que o interesse dramático desaparecia muito antes do final do balé: este só se mantinha em virtude da coreografia e do brilhantismo das bailarinas. *Raymonda* é um exemplo claro, e pode ser visto até hoje apenas em virtude da música e da coreografia.

O próprio Petipa – como no caso de *A Bela Adormecida* – às vezes influía fortemente na composição, chegando a indicar ao compositor o ritmo, o tempo e a duração de cada variação ou dança. Se o compositor era um Tchaikovsky, ele conseguia, através de seu próprio talento, sair dessa camisa de força. Mas na grande maioria dos casos a música do balé da época, composta por nomes como León Minkus ou Ricardo Drigo, era decididamente de categoria inferior, como podemos ver em obras ainda no repertório: *D. Quixote*, *La Bayadère* ou *Os Milhões de Arlequim*. Dizem que Minkus compunha música praticamente a metro, e que se uma bailarina lhe pedia uma nova variação para ser enxertada num balé qualquer ele tranquilamente enfiava a mão no bolso e tirava uma ou mais para que ela pudesse escolher a que bem entendesse.

O local onde se passava a história não interessava muito. Fosse no Egito, na Espanha ou na Rússia, a primeira bailarina teria a sua cota de *pas de deux* e variações; o primeiro bailarino teria pelo menos uma variação e os dançarinos de caráter, sua ocasião para brilhar. Ao mesmo tempo, os teatros russos têm grandes palcos, e era necessário enchê-los com um corpo de baile que, com suas valsas ou *balabilles*, proporcionasse repouso aos solistas. O terceiro ato de *La Bayadère* tem um corpo de baile de 32 moças, e a valsa do primeiro ato de *A Bela Adormecida* devia ser dançada por 24 casais de adultos, mais 16 casais de crianças.

A responsabilidade do cenógrafo e figurinista era prover o balé com cenários e roupas luxuosas, com ligeira alusão ao local onde se passava a história, e a bailarina principal, fosse ela a filha do faraó ou a rainha de um harém, tinha de aparecer no final com o clássico *tutu*.

Não precisamos ir mais longe para verificarmos os fatores e as razões, ao mesmo tempo, do crescimento e da queda desse tipo de balé. Bailarinos de técnica cada vez mais primorosa, um coreógrafo de gênio que não soube parar quando devia, e uma nova fórmula que substituía a do balé romântico, mas que, como todas as fórmulas, acabou deixando de agradar àquela parcela de público que tem noção de que a arte morre se não evolui.

Tamara Karsavina, uma das grandes estrelas formadas pela Escola Imperial e que participaria intensamente da revolução ocorrida no balé na primeira década do nosso século, dá o epitáfio exato ao reinado de Petipa: "Quando iniciei minha carreira, Marius Petipa chegava ao final da sua como Mestre de Balé. Sua experiência era longa e ele prestara um grande serviço à arte da coreografia. Possuía um grande comando sobre as massas de dançarinos e muitas vezes os seus *balabilles* mostravam uma imaginação prodigiosa. Mas todos os seus balés seguiam uma fórmula inevitável. Um grande *divertissement* encerrava seus balés, com ar alegre e festivo, e seus heróis, para quem era impossível adivinhar um final trágico, eram sempre coroados na apoteose final. Com raras exceções, a maior parte de seus balés eram *féeries*, até que, nos últimos anos, ele fez um esforço para modernizar sua arte, mas, na verdade, não se sentia feliz em sair de sua fórmula, e seus esforços na direção de uma modernização foram infelizes. Muitos dos seus balés, já desaparecidos do repertório do Maryinsky, eram uma sucessão de marchas e procissões, volta e meia interrompidas, sem muita razão lógica, por cenas de pantomima ou danças que poderiam ser muito bem-compostas, mas que não tinham qualquer significado dramático."

Sobrou o suficiente da arte de Petipa para que possamos ver ambos os lados do seu trabalho, e não há dúvida de que obras como *D. Quixote*, *La Bayadère* e *Raymonda* só continuam a ser apresentadas porque são de uma coreografia tão superior que, no caso das duas primeiras, se aceita a música agradável, mas pouco inspirada, enquanto, no caso da terceira, se esquece a idiotice da história.

No entanto, foi da própria Rússia que veio, com Diaghilev, a revolução que mudaria por completo a história da dança, dando a essa arte uma nova vitalidade e colocando-a definitivamente no rol das formas de expressão mais populares.

V

Enquanto na Rússia o balé chegava a um de seus pontos culminantes, no restante da Europa, com uma única exceção, sua situação não era das melhores. A exceção fica por conta da Dinamarca, onde o apoio da Casa Real manteve o balé num plano mais ou menos estacionário do ponto de vista da criatividade. Em contrapartida, a excelente escola criada por Bournonville continuava a produzir bailarinos de altíssimo padrão técnico, enquanto o repertório mantinha vivas as obras-primas daquele coreógrafo. Os balés de Bournonville ganharam grande popularidade nos últimos 30 anos, sendo remontados por diversas companhias e alguns deles, como *O Toreador* e *Abdala*, revividos de acordo com as anotações existentes na Biblioteca do Teatro Real, em Copenhague.

Na Itália, a ópera dominava completamente. O coreógrafo de maior fama era Luigi Manzotti, milanês nascido em 1835. Após carreira razoável como bailarino, começou a coreografar em Florença e em Roma, mas foi em Milão que produziu suas obras mais famosas. Ele comercializou o balé na Itália, transformando-o de veículo para concepções políticas num espetáculo cuja finalidade era a busca da grandiosidade, chegando a usar inclusive elefantes e camelos no palco. Seus balés, como *Excelsior* (1881), *Amor* (1886) ou *Sport* (1897), eram produzidos de forma a que o público se encantasse com o luxo e os efeitos espetaculares: o palco, quase sempre superlotado, fazia com que solos e duetos desaparecessem quase por completo.

Na França, imperava a mediocridade, salvando-se alguma coisa do trabalho de Lucien Petipa e Louis Mérante, e a música de compositores como Lalo, Delibes e André Messager, cujo *Les Deux Pigeons* (1886) é um dos balés mais encantadores da época.

Mas a semente da revolução que ocorreria logo nos primeiros anos do século XX já fora lançada com o nascimento, em 1878, na cidade de São Francisco, de Isadora Duncan.

PARTE IV

O balé moderno

Diaghilev e consequências

15. O nascimento do balé moderno

I

Normalmente, a importância de Isadora Duncan para a renovação ocorrida no balé logo no início do século XX é, ao mesmo tempo, superestimada e subestimada. Com a exceção de alguns filmes bem primitivos, o que nos ficou da arte de Duncan foi o muito que se escreveu sobre ela e a benéfica liberação que sua rebeldia trouxe ao mundo da dança em geral.

Rebelde desde criança, Duncan não se deixou pautar por nenhum dos cânones existentes em matéria de dança. Deixando-se influenciar principalmente pela Grécia e pela arte grega, dançava quase sempre com uma túnica esvoaçante, e foi a primeira bailarina ocidental a dançar de pés no chão e a aparecer no palco sem malhas. Sua arte não agradou ao puritanismo americano, e foi na Europa que ela obteve sucesso, principalmente junto aos artistas mais jovens. Em 1904, abriu uma escola em Berlim, e dois anos mais tarde se apresentava em público com seus alunos.

Ela chamava seu trabalho de "dança livre", já que não seguia as escolas de dança reconhecidas. Ao mesmo tempo, ousou dançar as composições dos grandes músicos, que eram, até então, privilégio dos concertos e recitais. Convém lembrar aqui que nos cem anos antes de Duncan toda a música de balé era especialmente composta, e muito pouca tinha verdadeira qualidade. Duncan quebrou esse tabu, dançando sinfonias de Beethoven, noturnos de Chopin e valsas de Brahms, para escândalo dos puristas, acostumados a outro tipo de arte, dócil e submissa a parâmetros preestabelecidos.

Em 1905 Isadora Duncan dançou na Rússia, tornando-se um centro de controvérsia entre os baletômanos da velha escola e a juventude intelectual da época. Mas ela influenciou Michel Fokine, que, no seu balé *Eunice*, colocaria pela primeira vez no palco do Teatro Maryinsky bailarinas de pé no chão e vestidas de túnica grega. Essa influência se estendeu a nomes como Serge Diaghilev e Alexander Benois, acendendo a chama que incendiaria o mundo estiolado da dança, do qual sobrariam apenas as verdadeiras obras de arte compostas nos períodos romântico e clássico.

Duncan não foi uma grande bailarina, de vez que sua técnica era bastante reduzida. Na verdade, muitas vezes ela improvisava sobre determinada música, mas se impunha pela forte personalidade e, principalmente, porque acreditava no seu trabalho. Ela era um fenômeno pessoal, mas que teria influência decisiva no progresso da dança teatral. Após uma vida tão iconoclasta quanto a sua arte, ela morreria no dia 14 de setembro de 1927, quando a longa echarpe que usava se enrolou na roda do carro em que viajava, estrangulando-a.

II

O catalisador que reuniria as forças jovens da dança e explodiria muitas de suas regras arcaicas chamava-se Serge Diaghilev. Membro da nobreza russa, Diaghilev teve uma educação privilegiada. Extremamente ambicioso e inteligente, absorvia com facilidade todas as novas correntes da arte, que desde cedo foi uma de suas paixões. Frequentava um círculo de jovens pintores e músicos cujo mentor era o cenógrafo Alexander Benois, que mais tarde desenharia diversas produções para os seus Ballets Russes. Juntos fundaram a revista *Mir Isskoustva* (O Mundo da Arte), que exerceu grande influência sobre o desenvolvimento das artes na Rússia. Uma das paixões de Diaghilev era o balé.

Em 1889, o diretor dos Teatros Imperiais, príncipe Serge Volkonsky, atribuiu a Diaghilev a função de editar a publicação anual dos Teatros Imperiais. Logo em seguida ele teve a seu cuidado a produção da ópera *Sadko*, de Rimsky-Korsakov, e uma remontagem do balé *Sylvia*; ambos alcançaram grande êxito. Mas Diaghilev era extremamente independente, e sua rebeldia contra diversas regras do estrito regulamento dos Teatros Imperiais granjeou-lhe boa quantidade de inimigos influentes. Em 1901 ele foi forçado a pedir demissão. A *Mir Isskoustva* deixou de ser publicada em 1904, e daí até 1908 Diaghilev foi responsável por diversas exibições de arte russa levadas a Paris. Em 1908 Diaghilev estreou como empresário teatral, montando em Paris a ópera *Boris Godunov*, de Mussorgsky, com o famoso baixo Feodor Chaliapin no principal papel. Na mesma ocasião ele assinou um contrato para, na temporada de 1909, levar à capital francesa uma companhia de balé.

Voltando à Rússia, Diaghilev encontrou um problema. Seus inimigos não permitiam que ele levasse o Balé Imperial, com seu repertório, à França. O máximo que conseguiu, após inúmeras dificuldades, foi permissão para que os bailarinos se apresentassem em Paris no período de férias, ou seja, durante o verão.

Tendo de usar apenas suas próprias forças e as de seus amigos, circundado por alguns dos maiores talentos jovens da Rússia, Diaghilev, junto com Fokine e Benois, preparou um repertório que consistia em uma ópera – *Ivã o Terrível* de Rimsky-Korsakov – e quatro balés de Fokine que, na verdade, eram recomposições de obras feitas anteriormente para o Balé Imperial, embora muito modificadas. Assim, *Chopiniana* transformou-se em *Les Sylphides*, *Eunice* em *Cleópatra*, *O Pavilhão de Armida* ganhou novos cenários e figurinos e as danças da ópera *Príncipe Igor* foram apresentadas como peça isolada. *Le Festin* – na verdade, um *divertissement* composto de várias danças, inclusive trechos de obras de Petipa – completava o programa.

O sucesso da temporada abriu uma nova era para o balé e deu início a 20 anos dos mais importantes na história da dança. Se muitos, por exemplo, consideram Michel Fokine "o pai do balé moderno", por ter sido o coreógrafo que rompeu definitivamente com as regras até então vigentes, Diaghilev seria o homem que, como empresário e administrador, possibilitaria a emergência do balé moderno como organização concreta.

III

A temporada de 1909 selou para sempre o futuro de Diaghilev. Ele abandonaria todas as outras formas de arte em função de sua preferência pela dança. Um dos grandes estímulos talvez tenha sido a sua ligação com Vaslav Nijinsky. A isso devemos somar que, na Rússia, os ciúmes causados pelo sucesso da temporada parisiense criariam dificuldades cada vez maiores para a cessão de bailarinos dos Teatros Imperiais. Ao mesmo tempo, Diaghilev sabia que tinha nas mãos uma entidade artística que deveria ser transformada em instituição permanente, dando impulso à nova concepção de balé que surgiu com aquela primeira série de espetáculos. Todos os membros do grupo sentiram que juntos poderiam exprimir com maior liberdade os seus mais íntimos desejos artísticos, o que jamais lhes seria permitido dentro dos regulamentos dos Teatros Imperiais. E assim, pouco a pouco, foram pedindo demissão de seus cargos públicos para se juntarem à aventura proposta por Diaghilev. No caso de Nijinsky, foi arquitetado um truque. Era uma das regras dos Teatros Imperiais que os bailarinos deveriam usar um calção por cima da malha para que as formas masculinas não ficassem em evidência. Numa reapresentação de *Giselle*, Diaghilev convenceu Nijinsky a entrar em cena sem o calção. Na plateia se encontrava ninguém menos que a czarina-mãe, a qual, indignada, abandonou o teatro, seguida por toda a nobreza presente. O escândalo fez com que Nijinsky renunciasse ao cargo antes de ser demitido.

O primeiro elenco dos Balés Russos incluía os nomes de Ana Pavlova, Tamara Karsimova, Vera Karalli, Ida Rubinstein, Nijinsky, Adolph Bolm e Mikhail Mordkin; seu diretor de cena era Serge Grigoriev, que, até sua morte, em 1968, seria o responsável por todas as companhias herdeiras de Diaghilev, como o Balé Russo de Monte Carlo e o do Colonel de Basil, e pela sobrevivência de muitos balés daquela época através de inúmeras remontagens que fez no mundo inteiro. Diaghilev morreria em Veneza, em 1929, e sua companhia interromperia os trabalhos até 1932, quando ressurgiu com o nome de Balé Russo de Monte Carlo. Mas os 20 anos decorridos entre a estreia em Paris, em 1909, e o último espetáculo dado em Londres, em 26 de julho de 1929, são absolutamente lapidares na formação de tudo o que se faz hoje em dia em matéria de dança. Foi através do trabalho de Diaghilev e de seus Ballets Russes que se abriram portas até então inacessíveis ao balé. E essa forma de arte entrou numa estrada da qual não sairia jamais.

Apesar de toda essa revolução, Diaghilev tinha visão e inteligência para saber que o que fora feito de bom no passado deveria ser preservado. Assim, incluía em seu repertório obras como *Giselle*, *O Lago dos Cisnes* e *A Bela Adormecida*, pois sabia serem não apenas das mais representativas dos respectivos períodos, mas possuidoras de valores intrínsecos que justificavam sua preservação para a posteridade. Nesse particular, Diaghilev deu um exemplo que deveria ser seguido por todos aqueles que abraçam qualquer forma de arte: para que se possa inovar, abrir novos caminhos e criar outras linguagens, não é necessário destruir o que de bom foi feito por nossos antepassados; se queremos que nosso trabalho seja respeitado, devemos começar respeitando o trabalho alheio. Talvez seja essa a grande lição que Diaghilev nos deixou.

16. A influência de Diaghilev

I

A importância de Diaghilev e de seus Balés Russos jamais poderá ser subestimada, uma vez que ela se estende até nossos dias, e seu impacto deverá continuar a se fazer sentir enquanto existir a dança. A razão é simples: ele derrubou para sempre diversos tabus que até então cercavam a existência do balé como arte.

Entre suas contribuições importantes, podemos citar: 1) ele instituiu o balé em um ato como obra de arte de tanto valor quanto o balé em três atos; 2) por seu intermédio, músicos e artistas plásticos de nomeada voltaram a se interessar por compor e desenhar para o balé; 3) com suas constantes viagens, principalmente depois que a companhia quebrou definitivamente seus laços com a Rússia, conseguiu aumentar o público do balé; 4) a aparição de bailarinos como Nijinsky, Bolm e Mordkin, entre outros, revitalizou na Europa a dança masculina, que caíra a um de seus níveis mais baixos.

Por essas e muitas outras razões é que a força de sua revolução permanece vigorosa e inspiradora até os dias de hoje, já que os princípios esposados por Diaghilev e seu grupo continuam a ter o mesmo valor de quando foram estabelecidos, em 1909. Está claro que houve uma alteração de quadros e uma renovação daquilo que é ou não mantido. Alguns dos balés que pertenciam ao repertório de Diaghilev, como *Sheherazade*, são hoje peças de valor histórico, mas sem contato direto com o mundo em que vivemos. No entanto, suas ideias básicas permanecem imutáveis, tendo aberto caminho para todas as demais revoluções que surgiram, através de nomes como Martha Graham, Balanchine e Ashton.

Uma das grandes especulações dos autores especializados é saber onde estaria a dança se não tivessem existido os Balés Russos de Diaghilev. Sem essa revolução que invadiu o Ocidente vinda do Império Russo, é possível que não se tivesse chegado até onde se chegou nos nossos dias, e que os cânones então vigentes tivessem retardado em muito o progresso do balé. Boa parte das companhias existentes na Inglaterra, nos Estados Unidos e na América Latina foi fundada ou reanimada por coreógrafos e professores oriundos diretamente da companhia de Diaghilev ou dos diversos balés russos que a substituíram na década de 1930.

Esse trabalho de plantio das sementes de futuras companhias seria dividido com Ana Pavlova, que, viajando pelo mundo inteiro com sua companhia, fez mais do que difundir a dança em diversas cidades: bailarinos do seu grupo decidiram fixar residência e abrir uma escola, da qual muitas vezes saíram outras. Um exemplo é o Balé do Theatro Municipal do Rio de Janeiro, oriundo da escola aberta por Maria Olenewa, que aqui permanecera numa das viagens de Pavlova.

II

Os Balés Russos causaram, inicialmente, dois impactos na Europa. O primeiro foi a qualidade dos bailarinos, principalmente dos homens. Como já dissemos anteriormente, o nível técnico da dança permaneceu bastante alto na Rússia Imperial, enquanto na França e na Inglaterra o bailarino homem caíra em total descrédito – na maioria dos balés, os principais papéis masculinos eram desempenhados por mulheres *en travesti*. A força do conjunto masculino nas *Danças Polovitsianas* foi uma revelação e abalou definitivamente o preconceito que se firmara contra o bailarino como figura principal. O segundo impacto foi a qualidade dos balés apresentados, com coreografias vigorosas e espontâneas e cenários e figurinos assinados por alguns dos melhores artistas russos da época, como Benois, Roerich e Leon Bakst.

Um terceiro aspecto importante, embora talvez nem tanto quanto os dois primeiros, foi o exotismo de algumas obras apresentadas, como o ar oriental de *Sheherazade* e *Thamar*, bem de acordo com o espírito *art-nouveau* dominante na Paris de então. Os Balés Russos transformaram-se num sucesso imediato que perduraria durante os 20 anos de sua existência, período em que sofreram algumas alterações de monta, principalmente a partir do momento em que Diaghilev foi obrigado a cortar os laços com a Rússia. Se na primeira fase a maior parte dos balés tinha inspiração russa, a partir de certo momento, obrigado a viver na Europa, Diaghilev se deixará envolver mais e mais pelo gosto francês, e sua companhia, apesar do nome, irá se internacionalizando gradualmente. Se em 1909 quase todos os integrantes do conjunto eram russos, em 1929 bailarinos poloneses, franceses, ingleses, alemães, húngaros, tchecos e de outras nacionalidades se escondiam por trás de pseudônimos. Apenas o espírito-guia do grupo é que permanecia com seus ideais de renovação e busca praticamente inalterados.

III

Conforme já foi exposto, a primeira fase da companhia de Diaghilev se baseia principalmente na Rússia. Já na segunda temporada, em 1910, com *O Pássaro de Fogo*, ele daria uma visão perfeita de seus ideais. Para ele, um balé deveria ser o resultado de um trabalho de equipe entre o libretista, o compositor, o coreógrafo e o cenógrafo, e cada uma dessas partes contribuiria para que o todo atingisse o nível de uma obra de arte. Hoje em dia sabemos que é possível fazer bons balés sem música especialmente composta, ou mesmo sem cenários e figurinos. Boa parte da obra mais recente de Balanchine é um claro exemplo dessa assertiva. Mas não há dúvida de que a colaboração integrada daqueles quatro componentes nos legou algumas das melhores obras que essa arte já proporcionou.

O primeiro exemplo de balé em que esse tipo de colaboração atingiu o plano desejado por Diaghilev foi *O Pássaro de Fogo*. Nele, Stravinsky, Fokine e Benois trabalharam de comum acordo na elaboração das partes componentes da obra. Nos anos seguintes, esse tipo de colaboração seria uma constante no trabalho dos Balés Russos de Diaghilev e funcionaria sempre como o catalisador que permitia a cada uma das diversas cabeças pensantes operar visando um produto determinado.

Como compositor, Stravinsky participaria de cinco outras colaborações idênticas, durante o processo gestativo de *Petrushka*, *A Sagração da Primavera*, *O Canto do Rouxinol*, *Les Noces* e *Apolo*. De um total de seis balés, quatro permanecem até hoje em sua forma original no repertório de diversas companhias; apenas *A Sagração* e *O Canto do Rouxinol* ficam fora dessa lista.

A partir de 1911 Diaghilev começaria a incluir no seu repertório obras compostas por artistas franceses, a primeira das quais será *O Deus Azul*, com música de Reinaldo Hahn. Pouco a pouco ele absorverá mais e mais a influência francesa, e a música para seus balés será composta por Ravel, Debussy, Auric, Satie e Milhaud, e os pintores convocados para assinar seus cenários incluirão Derain, Picasso, Sert, Rouault, De Chirico e Cocteau, entre outros. Claro que ele não abandonará os russos, que continuarão a inscrever seus nomes no repertório da companhia. Na verdade, o último balé a ser estreado pela companhia, em 1929, foi *O Filho Pródigo*, com música composta por Prokofiev.

Se Diaghilev não se desligou completamente dos artistas russos, estes já não trabalhavam apenas para obras de ambientação russa. Haviam se internacionalizado, da mesma forma que a companhia.

IV

Diaghilev morreu em Veneza, no dia 19 de agosto de 1929, e foi enterrado na ilha-cemitério daquela cidade. Suas atividades artísticas e empresariais e sua vida privada foram examinadas e explicadas em prosa e verso por seus amigos e inimigos, cada um dando sua interpretação sobre certos fatos – em diversos casos, muito mais folclórica do que verdadeira. Seu nome se transformou num símbolo, numa lenda, muito mais pelo que foi escrito a seu respeito do que, realmente, pelo valor de sua obra. Na verdade, em muito do que foi escrito sobre ele há uma tendência a obscurecer suas realizações realmente significativas e dar maior importância à forma não muito ortodoxa com que ele agia para atingir seus objetivos. Mas nós que vivemos duas gerações após Diaghilev e sua fase podemos ver com clareza que essas realizações são verdadeiramente duradouras e nada têm de lenda.

Diaghilev talvez tenha sido o maior empresário que o balé conheceu. Possuidor de grande cultura e gosto refinado, deu o balé russo à Europa Ocidental, aos Estados Unidos e à América do Sul. Ao fazê-lo, transformou-o de arte até então guardada dentro das fronteiras de uns poucos países numa forma cosmopolita de interpretação, e até revitalizando-a em países onde estava praticamente morta havia mais de meio século, como a França.

Ele possuía inteligência, habilidade, força de vontade e o poder de atrair para o seu lado pessoas dotadas de talento, bom gosto e conhecimento – a soma dessas virtudes deu um resultado sem igual. O coreógrafo, o músico e o pintor tinham sempre servido à arte da dança. Mas havia muito tempo esses serviços não eram planejados, e a força de cada um desses elementos não produzira o amálgama que constitui uma obra de arte. Diaghilev tornou possível a perfeita fusão desses elementos, e essa talvez tenha sido a sua maior realização. Qualquer pessoa com dinheiro suficiente pode juntar os grandes nomes de uma arte. Mas só um gênio pode transformar essa reunião numa unidade homogênea. Esse gênio foi Serge Diaghilev, e a dança jamais seria a mesma após sua existência.

17. As companhias russas após Diaghilev

I

O falecimento de Diaghilev pôs fim às atividades de sua companhia. Havia já algum tempo que ela vinha enfrentando dificuldades financeiras e só o nome e a força do empresário é que tinham conseguido mantê-la de pé até então. Com a morte dele, suas atividades cessaram quase imediatamente. Os cenários e figurinos foram guardados em Paris e Londres e os bailarinos se dispersaram, muitos deles encontrando emprego em outros teatros, cassinos e cabarés, outros se retirando do palco e abrindo escolas das quais sairia toda uma geração de excelentes profissionais. Serafina Astafieva já abrira uma escola em Londres enquanto Diaghilev ainda era vivo, e um de seus alunos, Anton Dolin, cujo verdadeiro nome era Patrick Healey-Kay, chegou a ser uma das últimas estrelas do elenco dos Balés Russos.

A companhia renasceria em 1932, com o nome de Balés Russos de Monte Carlo, sob a direção do empresário francês Renée Blum e do coronel russo Vasili de Basil. Esse renascimento não foi exatamente pacífico, já que seus diretores eram pessoas diametralmente opostas que acabariam por entrar em choque, dividindo a companhia em duas, divisão que incluiria repertório e bailarinos. Uma das companhias, com o nome de Balé Russo de Monte Carlo, ficaria baseada em Nova York, enquanto a outra, o Original Ballet Russe, se estabeleceria em Londres e permaneceria na América Latina durante o período da Segunda Guerra Mundial, ou seja, de 1940 a 1945, com decisiva influência para o desenvolvimento da dança principalmente na Argentina, no Brasil, no Uruguai e no Peru.

A reorganização começou a ser planejada em outubro de 1931, e a nova companhia daria seu primeiro espetáculo em Monte Carlo, em 17 de janeiro de 1932. Os valores oriundos do grupo de Diaghilev se haviam espalhado, com Fokine em Nova York, Massine em Milão, Balanchine em Paris, Nijinska em Viena, Woizikowsky na Polônia, enquanto o conjunto inglês – Ninette de Valois, Alicia Markova, Anton Dolin e Lydia Sokolova – iniciava em seu país o trabalho do qual nasceria o Balé Inglês. A eles se juntou a bailarina Marie Rambert, que desde 1913 trabalhava com Diaghilev.

Quando Diaghilev morreu, deixou um contrato a ser cumprido com o Teatro de Monte Carlo, e seu diretor, Raoul Gunsbourg, teve esperanças de manter a companhia viva. Renée Blum foi nomeado diretor de balé, mas os débitos eram tão pesados que a companhia teve de ser dissolvida e alguns de seus bens vendidos para pagar os credores. Mas tanto Blum quanto Gunsbourg estavam empenhados em que o Balé Russo voltasse a funcionar. Começaram a escrever cartas aos antigos colaboradores de Diaghilev, principalmente seu diretor-geral de cena, Serge Grigoriev, sempre com a intenção de remontar a companhia e fazê-la voltar com todo o seu esplendor. É quando aparece em cena um oficial cossaco fugido da Rússia, o Colonel de Basil, que, apesar de ser uma figura extremamente controversa, será o catalisador que levará avante o plano dos empresários monegascos.

O Principado de Mônaco (Monte Carlo) oferecia uma base para a companhia com o seu teatro, que fora testemunha de tantos grandes e rumorosos sucessos na época de Diaghilev. A oferta agradou a De Basil, que já vinha sendo responsável pela apresentação de diversas companhias de ópera russa, principalmente na França e na Inglaterra. Ele não perdeu tempo e logo começou a contatar quem havia trabalhado com Diaghilev, visando à reformulação do grupo. Um de seus contatos mais importantes foi Serge Grigoriev, que, com sua esposa, Lubov Tchernicheva, era membro fundador da companhia de Diaghilev, da qual fora *régisseur général*. Dono de esplêndida memória e um mundo de anotações, ele seria responsável pela remontagem de diversos balés. Ao mesmo tempo, à exceção de Nijinsky, internado num sanatório, todos os demais coreógrafos que haviam trabalhado para Diaghilev estavam vivos e poderiam remontar seus balés.

No entanto, seria impossível recrutar exatamente os mesmos elementos que pertenciam à companhia em 1929. Muitos haviam parado de dançar e lecionavam na Europa ou na América, a outros não interessava abandonar os atuais empregos para voltar à companhia reiniciante. Assim, De Basil e Blum foram forçados a procurar, nos estúdios de dança de Paris, jovens bailarinos que completassem seu elenco. Bailarinas que haviam pertencido aos Balés Imperiais, como Lubov Egorova, Olga Preobrajenska e Mathilda Kschessinska, lecionavam em Paris, e a maioria de seus alunos compunha-se de jovens russos ou de famílias russas que haviam fugido com a Revolução de Outubro. Entre esses jovens se encontravam três bailarinas – Tatiana Riabuchinska, Irina Baronova e Tamara Toumanova –, com respectivamente 15, 13 e 12 anos de idade, que viriam a ser o furor da nova companhia. Dotadas de esplêndida técnica, desde cedo essas meninas interpretariam um repertório dos mais abrangentes, ao mesmo tempo em que, com juventude e valor, dariam ao renascente Balé Russo aquela cota de publicidade tão necessária ao empreendimento artístico. Só que dessa vez a publicidade seria a mais positiva possível, pois as três teriam seus nomes inscritos entre as maiores estrelas do balé nas décadas de 1930, 1940 e 1950.

II

Essas companhias herdeiras de Diaghilev eram russas apenas no nome e numa parte do seu pessoal. Suas bases não eram Moscou ou Leningrado, mas Monte Carlo, Paris, Londres e Nova York. Apesar de seus coreógrafos continuarem a ser os mesmos que haviam trabalhado para Diaghilev e de o novo surgido entre eles, David Lichine, ser russo, os demais compositores e cenógrafos se haviam internacionalizado, com um grande contingente de franceses e ingleses e, principalmente, de americanos.

Isso não quer dizer em absoluto que a importância do grupo tenha diminuído. Os balés russos continuariam, por muitos anos ainda, a espalhar a arte da dança, conquistando novas plateias no mundo inteiro e deixando, em várias cidades, bailarinas que contribuiriam, de forma decisiva, para o crescimento ou aparecimento de companhias de dança. Tamara Grigorieva e Vladimir Irman se estabeleceriam na Argentina; Tatiana Leskova, Nina Verchinina e Yurek Shabelevsky, no Brasil; Dimitri Rostov, no Peru.

Artisticamente, houve altos e baixos, dependendo muitas vezes do financiamento disponível e de uma troca permanente entre as duas companhias em que se dividira o grupo russo: o Balé Russo de Monte Carlo, dirigido por Serguei Denham, com sede em Nova York, e o Original Ballet Russe, que, surpreendido pela Guerra de 1940 durante uma *tournée* pela Austrália, conseguiu chegar à América Latina, passando os cinco anos seguintes a percorrer os países da América Central e do Sul.

A companhia sediada nos Estados Unidos serviria como celeiro de estrelas para as suas sucessoras verdadeiramente americanas, que surgiriam no decorrer dos anos 1940. Sua morte se deu em 1962. Já havia ultrapassado o seu tempo, pois tinham surgido o American Ballet Theater e o New York City Ballet, que, reunidos, encamparam todos os ideais da outra companhia, tendo absorvido inclusive boa parte de seu repertório, muitos de seus bailarinos e, no caso do New York City Ballet, o coreógrafo George Balanchine, que iria desenvolver na companhia americana os princípios já definidos durante seu período de trabalho com a companhia russa.

Quanto ao Original Ballet Russe, que fecharia e reabriria algumas vezes, finalmente suspendeu suas operações em 1952, principalmente por pressões financeiras.

Artisticamente, os balés russos não apenas manteriam vivo um repertório de grande valor, mas, com os balés sinfônicos de Leonide Massine, quebrariam mais um dos tabus existentes no mundo da dança, que até então evitava usar as grandes composições sinfônicas como música para balé.

Em seus balés *Os Presságios*, *Choreartium*, *Sinfonia Fantástica*, *Rouge et Noir*, *Sétima Sinfonia* e *Bogatyri*, Massine empregaria, respectivamente, sinfonias de Tchaikovsky, Brahms, Berlioz, Shostakovich, Beethoven e Borodin de forma absolutamente revolucionária, absorvendo inclusive muitos mandamentos da chamada dança moderna, principalmente nos papéis criados por Nina Verchinina, dançarina que somava a perfeita técnica clássica ao expressionismo esposado por cultores da dança moderna.

Após Massine, houve como que a liberação do uso de qualquer tipo de música para balé, liberdade que hoje em dia é levada a extremos nem sempre muito felizes, com os coreógrafos servindo-se da música como simples suporte para certas ideias, misturando, sem qualquer escrúpulo, composições de épocas e estilos diferentes. Essa prática é o calcanhar de aquiles de muitos desses coreógrafos, os quais esquecem que a música, além de vida própria, pode ter uma força tão grande que não aceite a simples posição de apoio e engula, tranquilamente, os balés que lhe tentem impor. De qualquer forma, essa foi uma contribuição das mais positivas ao cenário do balé, abrindo inúmeras possibilidades para os coreógrafos que, até então, trabalhavam com música especialmente composta ou com composições julgadas menos importantes do que as grandes sinfonias. Os protestos gerados principalmente pelo uso da Quarta Sinfonia de Brahms para *Choreartium* praticamente desapareceram quando regentes como Antal Dorati e Leopoldo Stokovsky deram sua aprovação a essa prática, regendo algumas récitas desse balé.

III

Como e por que essas companhias acabaram?

As razões são várias. Algumas podem ser facilmente detectadas. Como já dissemos, elas eram russas apenas no nome; na verdade, se haviam internacionalizado. Ao viajarem pelo mundo, foram plantando as sementes de companhias locais, como o Royal Ballet na Inglaterra e as companhias americanas já citadas. Continuavam o trabalho dentro de um sistema oligárquico, infenso às novas influências que espoucavam no mundo inteiro. Pouco a pouco, foram ficando sem pouso certo, sofrendo cada vez mais o impacto de problemas financeiros e com uma dificuldade cada vez maior em completar seus elencos. O que acontecia também é que na Inglaterra e em diversos outros países, como França, Estados Unidos e Alemanha, o progresso das companhias locais tornava desnecessária a existência desses conjuntos. Os grandes teatros que recebiam os russos para longas temporadas anuais passaram a ter cada vez menos tempo para eles, já que seu espaço fora ocupado por suas próprias companhias.

Boa parte dos repertórios das companhias russas ia saindo de moda e sua substituição era cada vez mais difícil, de vez que os novos talentos coreográficos surgiam nas novas companhias e preferiam trabalhar para elas. Acima de tudo talvez estivesse o custo, sempre crescente, de se manter de pé um grupo com quase cem pessoas, entre técnicos e bailarinos, em viagens constantes. Ao mesmo tempo, havia que se manter vivo o repertório existente, além das necessárias montagens anuais de, pelo menos, duas ou três produções novas. Tudo isso custava muito dinheiro, e boa parte dos mecenas existentes, imbuídos, sem dúvida, de um patriotismo facilmente explicável, preferia investir seu dinheiro na "prata da casa", e não mais em companhias estrangeiras.

Quando Agnes de Mille, reconhecidamente uma das grandes forças da moderna dança americana, foi montar *Rodeio* para o Balé Russo de Monte Carlo, sofreu na carne o choque entre as tradições arcaicas dos balés russos e o sangue novo que surgia em todos os cantos do mundo da dança. A descrição que ela faz desse período em seu livro de memórias dá uma exata noção do descompasso existente entre as correntes novas e antigas, subjetivamente a razão pela qual essas companhias tinham os seus dias contados.

Mas também deve ficar claro que elas não morreram de todo. Se não mais existem como instituições artísticas em funcionamento, rodavam o mundo por tempo suficiente para lançar sementes mais duradouras que perpetuariam o seu nome em muitos outros espaços que não apenas um verbete de dicionário. Muitos de seus artistas estabeleceram escolas ou pequenos grupos de dança em praticamente todos os países visitados. Dessas escolas e grupos sairiam diversas companhias em locais até então virtualmente fechados à dança. Assim, existe uma continuidade que não pode ser subestimada nem desprezada, já que boa parte das companhias de todas as Américas talvez não existisse hoje em dia se a Segunda Guerra

Mundial não tivesse obrigado os balés russos a ficarem viajando de Buenos Aires à Cidade do México, ou de Nova York a São Francisco, passando por centenas de cidades, muitas das quais nunca haviam visto um balé.

É notório o caso do Balé Russo de Monte Carlo, que, durante suas viagens pelos Estados Unidos, se apresentava anualmente em mais de 150 cidades, em muitas delas dando um único espetáculo. Não há dúvida de que o aparecimento do chamado "balé americano de província" se deve às inúmeras escolas abertas por ex-integrantes do balé russo. Aquele país conta hoje com cerca de 90 companhias, muitas das quais fundadas por nomes como Nina Popova, Oleg Tupine, Bolm, Jasinsky, Thomas Armour e muitos outros.

De 1909 até 1962, os diversos balés russos contribuiriam de forma permanente e duradoura para o estabelecimento da dança clássica em diversos países. E o seu impacto é perene, de vez que a sua descendência opera com aceitação cada vez maior em todos os países da Europa e das Américas, além de Austrália, África do Sul, Turquia, Japão e China. Só mesmo os países africanos, árabes e orientais (exceto os já citados) permaneceram nas suas tradições, geralmente por questões raciais ou culturais. Não podemos esquecer também que, pelos mesmos motivos, continua vivo o trabalho de Diaghilev e seus seguidores, nas obras-primas de dança criadas durante aquele período e que até hoje continuam nos repertórios de centenas de companhias em todo o mundo.

18. O balé clássico no mundo de hoje

I

O balé é, indubitavelmente, uma das artes que ganharam mais impulso depois de 1945. Há quem ligue esse impulso à juventude, uma vez que os jovens conseguem identificar-se facilmente com um certo atletismo existente na dança, principalmente depois que foram incorporados ao balé clássico os passos verdadeiramente acrobáticos originários da União Soviética. Ao mesmo tempo, por motivos óbvios, a dança é uma arte que exige intérpretes dentro de certa faixa etária com a qual a juventude se pode identificar. Mas esse não é o único fator. Se verificarmos bem, notaremos que todas as artes ganharam novo impulso após o último conflito mundial. Se compararmos o número de espetáculos, exposições e demais manifestações artísticas, veremos que houve um aumento percentual de público e de propostas. Esse aumento acompanhou o progresso da humanidade, a facilidade dos meios de comunicação e uma certa avidez natural pela cultura, mormente nos países em que ela é tida como verdadeira necessidade, não como privilégio de uns poucos. Há um maior número de propostas porque há um maior número de pessoas para absorvê-las e uma necessidade crescente do homem de se expressar artisticamente.

Se a dança ocupa posição até certo ponto privilegiada, é porque, a partir de 1930, ela deixou de ser apanágio de umas poucas nações para se espalhar, principalmente pelos jovens países das Américas, que absorveram essa forma de arte, não por um processo colonialista, mas porque simplesmente era mais um tipo de informação para se somar aos seus conhecimentos. A internacionalização da dança, de seus princípios básicos, é um fato novo em nosso século, semelhante ao que já acontecera, por exemplo, com a música e a pintura há mais de 200 anos. A proliferação das companhias de balé no mundo inteiro merece uma digressão mais detalhada, não apenas por ser fruto de todo um passado, mas principalmente porque com ela convivemos nos dias de hoje.

II

Diaghilev nunca conseguiu levar sua companhia à Rússia. Os únicos balés de sua autoria que foram vistos em seu país de origem foram aqueles, como *Les Sylphides* e *Eunice*, que haviam sido montados por Fokine para o Balé Imperial de São Petersburgo e refeitos, com algumas modificações, para as excursões a Paris. *Eunice*, por exemplo, teve seu título alterado para *Cleópatra* e a música original de Arensky recebeu diversos enxertos de outros compositores, o que modificou bastante a obra original.

Diaghilev chegou a assinar um contrato para levar sua companhia a Moscou e Petrogrado. Infelizmente, o teatro onde deveriam apresentar-se foi destruído num incêndio e a visita foi cancelada. Uma das grandes especulações que os historiadores de dança fazem é o que teria acontecido na Rússia se a companhia de Diaghilev lá se tivesse apresentado.

O balé na União Soviética é, reconhecidamente, uma das artes mais populares no país, e dela o governo se aproveita como um de seus grandes instrumentos de propaganda. No entanto, logo após a Revolução Bolchevista, pensou-se em fechar os teatros e acabar com o balé e a ópera, que seriam resultantes de uma arte elitista e decadente. Felizmente, houve um homem, o comissário das Artes Lunacharsky, com visão suficiente para ver que o "ensino" das artes nada tinha a ver com os czares ou a nobreza desaparecida. O ensino apenas formava os artistas: o uso desses artistas é que poderia ser outro. Lunacharsky conseguiu fazer impor seu ponto de vista, e graças a ele as escolas foram reabertas e os cursos mantidos, continuando, assim, a produzir excelentes artistas. Os grandes balés clássicos mantiveram seu lugar no repertório e não desapareceram, como se havia sugerido.

O problema com a dança soviética está na criação. Fechados durante muitos anos em seu país, os soviéticos ficaram artisticamente infensos à revolução de Diaghilev. Continuaram a produzir longos balés que só se diferenciavam dos da época de Petipa pelos temas, muitos dos quais com evidente intento propagandístico, e pela introdução na coreografia de passos até então considerados acrobáticos, como os diversos levantamentos em que o bailarino sustenta sua *partner* acima da cabeça. Esses levantamentos, que eram parte integrante dos chamados "adágios circenses", foram incorporados ao vocabulário clássico e hoje são usados com frequência no mundo inteiro.

Ao estudarmos a criação soviética dos anos que se seguiram à Revolução até hoje, verificamos que os melhores balés se baseiam em lendas ou obras literárias, como *Cinderela* e *Romeu e Julieta*, ou em fatos históricos como *Spartacus* e *Ivã o Terrível*. Os balés puramente de propaganda eram criados quase que por imposição do Partido, mas desapareceram rapidamente dos repertórios, uma vez que a sua concepção, forçada e bisonha, os transformava em elefantes brancos que ninguém queria ver. Mesmo a música de compositores como Shostakovich, Katchaturian e Glière não conseguiram salvar coisas como *A Idade de Ouro* ou *A Felicidade*.

Não há dúvida de que as escolas soviéticas produzem, às centenas, excelentes bailarinos. Só na década de 1950 é que bailarinos soviéticos começaram a se apresentar com frequência no Ocidente. Desde o início se observou uma técnica espetacular, aliada a um certo mau gosto em matéria de cenários e trajes, e principalmente uma interpretação exagerada, sem muitas sutilezas. Houve mesmo quem comparasse seu estilo ao do cinema mudo.

Esse contato com o Ocidente fez com que pouco a pouco os russos fossem mudando a sua aparência física, absorvendo, do ponto de vista técnico, algumas experiências ocidentais. No entanto, permaneceram mais ou menos imutáveis as suas formas de compreensão de um espetáculo. Para eles, o balé em um ato continua a ser uma obra menor e, sem problemas financeiros ou de espaço, continuam a montar espetáculos imensos, com centenas de pessoas no palco, podendo transformar uma obra como *Spartacus*, por exemplo, numa exibição que teria agradado a um Cecil B. de Mille. Não há dúvida de que esses espetáculos exercem um impacto bastante grande junto às plateias, impacto esse que se deve sobretudo à excelência das interpretações. Menos felizes são algumas modificações introduzidas nos grandes clássicos. Se sobrou muito da coreografia de Petipa, muito também desapareceu com as remontagens feitas pelos coreógrafos soviéticos, cujas tentativas de modernização provaram ser, por vezes, desastrosas, frequentemente transformando em colcha de retalhos o que antes era um balé coeso, uma obra de arte já afirmada.

Nas constantes visitas que as companhias soviéticas fazem ao Ocidente, verificamos sempre essa divergência entre o elemento humano que as compõe e o elemento artístico por que se pautam. Muito do que é feito hoje em dia pelas companhias soviéticas é anacrônico pelos padrões ocidentais, que não conseguiram, até hoje, atravessar a couraça propagandística que circunda a vida daquele povo e o trabalho de seus artistas. Assim, quando se vai assistir a um espetáculo soviético, deve-se localizá-lo dentro de suas perspectivas históricas, seus princípios e metas, e não compará-lo com aquilo que se faz em Londres ou Nova York.

Em todas as Repúblicas que compõem a URSS, a dança ocupa lugar de prestígio e continua a ser um instrumento de propaganda da máquina comunista. Os bailarinos são absolutamente esplêndidos, com a escola do Kirov, de Leningrado, considerada a mais pura e a do Balé Bolshoi, de Moscou, a mais espetacular. Pena que muito daquilo que esses artistas são obrigados a interpretar seja, do ponto de vista ocidental, de categoria secundária.

III

O Balé Real da Dinamarca é um raro exemplo de continuidade na história da dança. A sua escola também continua a produzir excelentes artistas dentro do sistema de Bournonville, que, desde as primeiras décadas do século XIX, vem norteando o trabalho dessa companhia.

Ao contrário da Rússia, a Dinamarca recebeu a visita de coreógrafos como Fokine e Massine, que haviam trabalhado diretamente com Diaghilev e que introduziram diversas obras deste em seu repertório. Assim, os dinamarqueses puderam auferir, praticamente em primeira mão, os benéficos resultados da revolução artística que se iniciara com a temporada parisiense de 1909. Eles tiveram a inteligência de manter vivos os balés de Bournonville, que até hoje são verdadeiras pérolas do seu repertório. É interessante notar que esses balés só começaram a se difundir pelo restante da Europa e pelas Américas após 1950. Naquele ano, os críticos ingleses que compareceram como convidados ao Festival de Dança de Copenhague voltaram ao seu país dizendo maravilhas da companhia e do seu repertório. E pouco a pouco diversos conjuntos foram incorporando obras como *La Sylphide*, *Napoli*, *La Ventana* e *Konservatoriet*, títulos que hoje integram o repertório de companhias soviéticas e americanas, além de alemãs, italianas e suecas.

Os dinamarqueses não deixaram também de criar novas obras, destacando-se entre seus coreógrafos os nomes de Harald Lander (já falecido) e Fleming Flindt. Este último foi buscar inspiração em autores como Ionesco e, com Salomé e *A Vida do Homem*, produziu obras verdadeiramente novas pela audácia de sua concepção, que chegou a escandalizar a sociedade dinamarquesa.

A companhia permanece na lista das melhores do mundo pela qualidade de seu repertório, sua escola e seu elenco, numa demonstração cabal de que a chave para o sucesso contínuo de um grupo desse porte está na busca da realização da coletividade, não da individualidade.

IV

O balé na Itália, infelizmente, caiu muito de posição; não que suas escolas não continuem a produzir bons bailarinos, mas a maioria deles vai fazer carreira no exterior. Nos grandes teatros italianos, como os de Milão, Roma, Veneza, Florença, Nápoles e Palermo, o balé continua a ser um apêndice da ópera. As bailarinas existem principalmente para encher o palco na bacanal de *Sansão e Dalila* ou na cena triunfal de *Aída*. Só lhes é possível participar de uns poucos espetáculos por ano.

As direções dos teatros italianos não parecem muito interessadas em fomentar o progresso de seus próprios coreógrafos e bailarinos. Devido a isso, durante este século não surgiu um coreógrafo italiano que pudesse chegar aos pés de um Angiolini.

O motivo, além do reduzido número de espetáculos, é que as administrações dos teatros italianos se preocupam principalmente em atrair coreógrafos já famosos para trabalhar com suas companhias. Se verificarmos as publicações sobre o Scala de Milão, por exemplo, veremos que para a sua companhia criaram balés coreógrafos como Lifar, Massine, Ashton, Balanchine, Cranko, Petit e Béjart. Mas essas criações ou reposições foram feitas dentro de um sistema que busca o sucesso imediato e não se preocupa de maneira alguma em fomentar o talento local. Na verdade, dentro das regras do jogo que se impuseram, não há tempo para um trabalho de pesquisa de novos elementos ou novos talentos.

Um coreógrafo jovem necessita de algum tempo, criando dois a três balés por ano, para atingir certa maturidade criativa. Os teatros italianos não se podem dar ao luxo de conhecer o fracasso de um novato. Já conheceram, e muitos, fracassos assinados por grandes nomes da dança. Mas esse tipo de insucesso lhes custa menos.

É um sistema egoísta, anacrônico, contrário aos interesses da arte italiana, e que surpreende muito, principalmente num país onde se faz greve a toda hora, pelas razões mais incríveis, e onde existe um nacionalismo um tanto violento. No caso da dança, deparamo-nos com um paradoxo deveras estranho, ainda mais se levarmos em conta o nacionalismo extremado que permeia as demais artes.

É uma situação que, parece, se prolongará indefinidamente, já que não existem na Itália pequenas companhias particulares dedicadas ao trabalho de fomentar o balé nacional, tão necessário para que ele se liberte da dependência em que ainda o mantêm com relação à ópera. Várias tentativas já foram feitas, mas todas têm sucumbido ao desinteresse das autoridades e à incúria dos grandes teatros, aos quais parece não interessar um sistema independente do seu.

V

A Alemanha talvez seja um dos países com maior número de teatros dedicados à ópera e ao balé. Devemos lembrar-nos de que a Alemanha só existe como país unificado há pouco mais de cem anos. Antes, tal como a Itália, dividia-se numa série de pequenos ducados e principados, em regime de autonomia total ou parcial, mas todos com suas capitais, suas famílias reinantes e, consequentemente, toda a *mise-en-scène* considerada necessária ao *status* de nação.

Conforme já foi dito, a existência de companhias de ópera, balé e prosa montadas pelo governo francês fez com que todas as nações europeias adotassem o patrocínio oficial às artes. Felizmente, imitaram uma coisa boa. Em todos os países de língua alemã, incluindo-se a Áustria, a nobreza reinante se esmerou na construção de teatros, muitos dos quais são verdadeiras joias arquitetônicas, como o Cuvillier de Munique. Alguns desses teatros foram construídos dentro de palácios, de modo que serviam apenas à corte. Mas houve também a preocupação de construir teatros maiores, dentro dos quais companhias de ópera, teatro e balé se dedicavam à preservação e à criação de obras de capital importância. Na área da dança, o repertório, principalmente até o século XIX, era aquele que vinha sendo criado pelos grandes coreógrafos, principalmente franceses e italianos. Tal como na Itália, a dança, principalmente após a decadência do balé romântico, seria tratada como irmã menor da ópera, que dominaria amplamente a cena, ocupando cerca de 90% do espaço.

Diaghilev e seus Balés Russos estiveram várias vezes na Alemanha, país onde o modernismo em dança ganharia tons ainda mais radicais do que os preconizados pelo grande empresário russo. A ideia de modernização chegou a tal ponto que a dança em moldes acadêmicos, ou seja, nas pontas, praticamente desapareceu dos teatros alemães nas décadas de 1920 e 1930, quando nomes como Mary Wigman e Rudolf von Laban dominaram a cena trabalhando dentro de um sistema que se convencionaria chamar de neoexpressionismo alemão. Durante esse período, a maioria das companhias clássicas que se apresentavam no país vinha do exterior.

A Segunda Guerra Mundial interrompeu todo esse processo. Grande parte dos teatros, se não foi destruída por bombas, ficou fechada durante os dois últimos anos do conflito. Terminado este, as casas reabriram, e com uma influência bastante marcada da Inglaterra e dos Estados Unidos no que tange ao balé. As companhias de dança passaram a ser dirigidas por nomes como Alan Carter, Richard Adama e John Cranko, que levaram para cidades como Hanôver, Stuttgart e Munique o gosto pela mistura sempre bem-vinda do clássico com o moderno, mais o contemporâneo. Ao mesmo tempo, o interesse mundial pela dança como arte não poderia deixar de influir também no gosto alemão. Isso aumentaria a frequência das exibições de balé, que hoje constituem de 30 a 40% dos espetáculos mostrados anualmente nos maiores teatros.

Os trabalhos de John Cranko, em Stuttgart, John Neumeier, primeiro em Frankfurt e agora em Hamburgo, Erich Walter, em Düsseldorf, e Egon Madsen, também em Frankfurt, elevaram o nível das companhias a um plano internacional. Na brasileira Marcia Haydée, revelaram ao mundo uma das grandes estrelas da dança do pós-guerra. Cranko, através de obras como *Romeu e Julieta*, *Onegin* e *A Megera Domada*, daria a Haydée e Richard Crogun papéis de relevo em peças cujo sucesso extrapolou as fronteiras da Alemanha, já que foram incluídas no repertório de diversas companhias europeias e americanas, transformando esses balés em clássicos da nossa época.

Assim, a dança na Alemanha passou a ocupar um lugar que nunca antes fora seu, num dos reflexos mais marcantes da aceitação das técnicas acadêmicas como forma adequada de expressão. A razão básica desse fenômeno prende-se ao crescimento geral da dança como arte, deixando de ser apanágio de uns poucos para se tornar uma das mais populares formas de entretenimento das últimas décadas. Isso não quer dizer que as danças modernas e contemporâneas tenham sido abandonadas na Alemanha, como veremos no capítulo específico. Apenas os alemães aprenderam que *todas* essas formas de expressão através do movimento poderiam conviver lado a lado, o que faz daquele país, hoje em dia, um dos maiores criadores e exportadores de todos os tipos de dança.

VI

Na França, o balé conheceu tantos altos e baixos quantos teve a história da própria arte. Possuidores da companhia de dança mais antiga do mundo, o Balé da Ópera de Paris, que descende diretamente da Academia fundada por Luís XIV, nem sempre os franceses conseguiram mantê-la na crista da onda. Quando Fokine, Massine e outros coreógrafos mostraram seu trabalho em Paris, a comparação com o que se fazia na Ópera foi ainda mais cruel, já que aquela companhia se transformara praticamente num escritório. A burocracia e os severos regulamentos da Ópera muitas vezes serviram de freio ao progresso do seu balé. Mais uma vez, um ex-membro da companhia de Diaghilev seria o responsável pelo reerguimento de um grupo de dança: ao assumir a direção do Balé da Ópera, Serge Lifar o elevaria a um nível compatível com o que de melhor havia no resto do mundo. Ainda que obrigado a obedecer ao regulamento dos Teatros Nacionais da França, Serge Lifar conseguiu para o seu trabalho o apoio de alguns dos melhores músicos e cenógrafos franceses, e desde a sua época aquela companhia , em que pesem alguns períodos menos felizes, se inclui entre as mais famosas do mundo.

Mas a dança na França também se revitalizou no pós-guerra, com a fundação de companhias como os Les Ballets des Champs Elysées e o Les Ballets de Paris, e o aparecimento de coreógrafos como Roland Petit, Jean Babilée e Janine Charrat, os quais, ainda na casa dos 20 anos e sob a tutela do gênio de Jean Cocteau, criariam obras representativas de toda uma geração.

A dança se espalhou ainda pelas províncias francesas, inclusive com o apoio do governo central, que subvenciona o trabalho experimental feito em cidades como Nancy e Rennes, propiciando a essa arte um novo renascer depois da quase morte sofrida nos primeiros 40 anos deste século, quando muitas companhias do interior deixaram de funcionar.

A França é um país cuja intelectualidade está sempre pronta a experimentar novas formas de expressão e para a qual o modernismo é quase uma palavra de ordem. O povo francês, ao mesmo tempo em que é muito cioso de suas tradições e não dispensa de forma alguma o chamado estilo clássico, está sempre aberto a novas propostas, sabendo, talvez como poucos, dosar o que de bom nos ficou do passado com o que de bom vem surgindo no presente.

O Balé da Ópera de Paris situa-se atualmente entre os melhores do mundo, não apenas pelos excelentes elementos que sua escola produz, mas principalmente porque seu repertório é de uma total abrangência, incluindo desde românticos como *La Sylphide* e *Giselle* até os clássicos de Petipa, passando por Fokine, Massine, Balanchine, e chegando aos modernos, como Petit, Béjart ou Paul Taylor. A companhia mantém ainda um grupo experimental que faz um trabalho de pesquisa em todos os sentidos, proporcionando, assim, a seus componentes e a seu público o que poderíamos chamar de experiência total em termos de dança.

VII

O balé inglês orgulha-se de descender diretamente de Diaghilev. A fundadora de sua companhia maior, hoje o Royal Ballet, foi Ninette de Valois, dançarina irlandesa cujo verdadeiro nome é Edris Stanus e que trabalhou no conjunto do grande empresário russo durante os últimos anos de sua existência.

Juntamente com dois outros ingleses da companhia, Alicia Markova e Anton Dolin, De Valois formou o tripé sobre o qual se assentaria o nascente balé inglês – os dois como as primeiras estrelas fulgurantes da companhia, ela como coreógrafa, bailarina e diretora.

A dança na Inglaterra no século XIX existia em função de Paris. Todas as suas grandes temporadas tinham como alicerce os grandes bailarinos e coreógrafos franceses e italianos que trabalhavam no eixo Paris-Roma-São Petersburgo. Ainda que a arte da dança desde logo angariasse um bom número de adeptos, seu ensino verdadeiramente profissional e a criação de uma companhia inglesa teriam de esperar até o século XX. Durante todo o século XIX, a Inglaterra não produziria um único dançarino ou coreógrafo de nomeada. As razões para isso, mais que a proximidade da Ópera de Paris, devem residir na moral vitoriana que durante quase um século funcionou como camisa de força em relação aos costumes de todo o povo inglês. Se a dança era considerada uma diversão digna de aparecer nos teatros locais, talvez não fosse uma arte que devesse ser aprendida pelos filhos dos cidadãos ingleses. Qualquer que seja a razão, a verdade é que mesmo o famoso Empire Ballet do início do século XIX tinha como estrela a dinamarquesa Adeline Genée e assegurou um lugar todo especial na história da dança na Inglaterra, já que constitui quase um fenômeno.

A companhia de Diaghilev encontrou em Londres um de seus lares europeus, e suas temporadas anuais eram ansiosamente esperadas pelo público. Isso não impediu que surgisse o preconceito de que o verdadeiro e único balé era aquele feito pelos russos. Esse preconceito persistiria durante a década de 1930, quando a companhia De Basil era a ocupante do Royal Ópera House, do Covent Garden, enquanto o nascente balé inglês tinha de se contentar em aparecer no Sadler's Wells Theatre. Durante aquele período, o nome da companhia era Sadler's Wells Ballet, e só após a guerra é que foi nomeada o balé oficial do Covent Garden, recebendo em 1956 o título de Royal. Os historiadores ingleses de dança, como Haskell, Mary Clarke e John Percival, em seus livros sobre a companhia, mostram a luta que De Valois e seus comandados tiveram de enfrentar para serem reconhecidos como um grupo de valor, principalmente pelas classes mais abonadas, que continuavam a patrocinar os conjuntos "russos", mas olhavam com certo desdém para os bailarinos compatriotas.

O Royal Ballet é fruto da visão não apenas de De Valois, mas também de Lilian Baylis, que, já dirigindo, no Teatro Old Vic, uma prestigiosa companhia teatral, decidiu empresariar, no Sadler's Wells, um grupo de ópera que cantasse no idioma pátrio e um grupo de balé totalmente inglês. Dessa visão nasceriam o Teatro Nacional da Grã-Bretanha, a Ópera Nacional Inglesa e o Royal Ballet, reconhecido hoje em dia como uma das maiores instituições do gênero em todo o mundo.

De Valois baseou seu trabalho na criação de uma escola e de uma companhia que incluíssem em seu repertório os grandes clássicos do passado, os clássicos modernos e obras de coreógrafos ingleses cujo talento ela soube fomentar juntamente com outra pioneira, a bailarina Marie Rambert, cuja companhia, estabelecida no pequeno Mercury Theatre, funcionaria como verdadeira oficina de criatividade.

O Royal Ballet acaba de completar 50 anos de existência, durante os quais se estabeleceu como uma das seis maiores companhias do mundo, de onde sairiam coreógrafos como Frederik Ashton, Robert Helpmann, Kenneth MacMillan e John Cranko, além da própria De Valois, e bailarinos como Margot Fonteyn, Beryl Grey, Moira Shearer, Helpmann, Michael Somes, Antoinnette Sibley e Anthony Dowell, hoje diretor do grupo. O Royal Ballet mantém duas companhias com cerca de 150 bailarinos, uma das quais dança principalmente nas províncias – não por ser de qualidade inferior, mas por apresentar um repertório mais adaptável a teatros menores.

Mas o balé inglês não ficou por aí. Se houve companhias como o International Ballet e o Metropolitan Ballet, cujo tempo de vida, por diversas razões, foi limitado, muitas outras, como o London Festival Ballet, os Balés da Escócia e da Irlanda, se encarregaram de espalhar o amor pela dança em todas as ilhas inglesas. *Alumni* do Royal Ballet iriam dirigir e plantar as sementes da dança clássica em lugares tão distantes quanto a África do Sul, a Turquia, o Egito e a Pérsia. A companhia deste último país foi dissolvida com o advento da revolução muçulmana.

Mesmo sendo uma repetição, temos de afirmar que o ativamento e o progresso da dança na Inglaterra constituem outro reflexo, e dos mais palpáveis, do incremento que essa arte teve, principalmente, após 1946.

VIII

O panorama no restante da Europa mostra a tendência generalizada no sentido de as formas de dança ocuparem cada vez mais um lugar proeminente no cenário artístico. Existem também em países como Portugal, onde a Fundação Gulbenkian fez construir um teatro especificamente para a dança. Em Paris, o Balé da Ópera apresenta-se em espaços gigantescos, como o Palácio dos Esportes ou o Cours-Carrè do Museu do Louvre, exibindo-se para 10 mil pessoas ou mais em cada récita. Na Europa Oriental, devemos dar destaque às companhias polonesas, húngaras e tchecas, as quais são descendentes diretas dos conjuntos formados durante o período em que seu regime político era o monarquista. Ainda que esses países se encontrem politicamente na órbita soviética, seus balés possuíam características próprias, e no caso da Hungria, uma liberdade nitidamente ocidental na escolha de seu repertório, o que faz com que os grupos húngaros estejam muito mais próximos, em termos artísticos, de Paris ou de Londres do que de Moscou.

Na Escandinávia, os suecos, além do Balé Real de Estocolmo, mantêm boas companhias nas cidades de Malmö e Gotemborg, além dos grupos modernos dirigidos por nomes como Ivo Crámer e Birgit Cullberg. Os coreógrafos suecos destacam-se bem mais no campo da dança moderna (influência, sem dúvida, da Alemanha) do que no estilo clássico ou acadêmico. Mas suas companhias incluem em seu repertório obras de Petipa ou Bournonville, ao lado de Tudor, Balanchine, Béjart e da própria Cullberg.

O Balé Real da Noruega é bem mais recente, tendo sido praticamente recriado nos últimos 20 anos. Como seus primeiros diretores foram ingleses, toda a sua organização se pautou pela das companhias britânicas. De qualquer forma, vem realizando um trabalho sério e bastante abrangente no que se refere à sua proposta.

O Balé Nacional da Finlândia é outro que mostra dançarinos de um vigor todo especial. Mesmo com uma normal influência soviética, dada a proximidade física entre os dois países, o grupo tem uma personalidade toda especial e um trabalho constante que vem sendo recebido com agrado em suas constantes viagens ao exterior.

Na península Ibérica, a existência de grupos de dança clássica é relativamente recente. O Balé Nacional da Espanha existe há menos de dez anos. O conjunto é extremamente jovem, mas de muito boa escola e disciplina, já tendo obtido da crítica internacional o aval para o seu trabalho. Em Portugal, o Balé da Fundação Gulbenkian dedica-se principalmente ao balé moderno. O Balé Nacional, dirigido atualmente por Armando Jorge, bailarino português de extensa carreira europeia, vem se firmando pouco a pouco pela extrema seriedade de seus propósitos. Seu repertório é bastante variado e inclui desde os clássicos até o trabalho de contemporâneos como Rudi van Dantzig e Lawrence Gradus.

Na Suíça, existem boas companhias em Zurique, Genebra, Basileia, Berna e Lausanne. A de Genebra vem sendo dirigida por Oscar Araiz, dentro de um estilo essencialmente moderno, ainda que esse coreógrafo argentino trabalhe quase sempre com bailarinos de treinamento clássico, dos quais extrai um estilo todo seu, embora com raízes bastante profundas na dança acadêmica. A Companhia de Zurique foi dirigida durante vários anos pela americana Patricia Neary, antiga primeira bailarina do New York City Ballet que pautou seu trabalho pela subserviência ao estilo de Balanchine, cujas obras constituíam a espinha dorsal do repertório. Como a direção acaba de passar para o jovem coreógrafo alemão Uwe Scholz, oriundo do Balé de Stuttgart, e assim de formação clássica, ainda é um pouco cedo para se poder determinar qual o futuro do conjunto.

Deixamos para o final dois dos menores países da Europa, que, em contrapartida, apresentam-se em primeiro plano no panorama da dança naquele continente. O primeiro é a Holanda, que, com o Balé Nacional e o Netherland Dance Theater, mostra dois conjuntos bem diferentes em matéria de estilo – o primeiro é clássico, o segundo, moderno –, que vêm revelando não apenas excelentes bailarinos, mas também coreógrafos de valor, como Van Dantzig e Toer van Schayk. E foi também nesse país que o tcheco Jiri Kylián desenvolveu o seu imenso potencial, transformando a companhia que dirige, o NDT, num dos mais afamados conjuntos do mundo no gênero.

O segundo país é a Bélgica, que pode orgulhar-se de possuir, no Balé do Século XX, uma companhia que ocupa um lugar todo seu no mundo da dança. O grupo e todo o seu repertório são uma vitrine do talento rebelde e iconoclasta de Maurice Béjart. Nascido na França, Béjart demonstrou em obras como *A Sagração da Primavera*, *O Pássaro de Fogo* e *Bukhti* um talento de coreógrafo como poucos de sua geração. Suas obras mais recentes são discutidas por ter ele colocado a coreografia a serviço de uma apresentação mais teatral, em que usa com muita frequência o tratamento de choque, pegando o público de surpresa ao apresentar no palco, por exemplo, motociclistas *hippies* misturados com dançarinas clássicas. Esse tratamento tem certa tendência a se deteriorar com repetidas visitas ao mesmo balé. Passado o choque, começamos a prestar atenção à dança propriamente dita, e esta perde em importância para elaboradas direções cênicas e cenários complicados. Isso torna o trabalho de Béjart bastante controvertido. Se ele é adorado na França, na Itália e no Brasil, é visto com reservas na Inglaterra e nos Estados Unidos, principalmente por colocar a dança em plano secundário dentro da organização de seus espetáculos. Isso não diminui seu talento nem o fato de ter aberto novas páginas no livro da história do balé. Com espetáculos realizados em circos, estádios e grandes espaços abertos, Béjart tem levado sua arte a um público sempre crescente e que, através dele e do Balé do Século XX, adquire o hábito de frequentar teatros para ver apresentações de dança.

IX

Os Estados Unidos são, sem dúvida alguma, um dos países do mundo onde a dança, em todas as suas formas, se entrincheirou definitivamente como uma das artes mais populares. Cidades como Nova York e São Francisco podem ter duas ou mais companhias de balé dando temporadas ao mesmo tempo, e não é raro que o número de atrações atinja as dezenas. Essas apresentações de dança não se fazem apenas em teatros especializados, mas também nos palcos da Broadway, nos estúdios de dança ou nos jardins dos museus. O grande público americano não raro tem cerca de 20 opções ou mais em sua própria casa, pois as estações de TV exibem, com frequência, filmes de ou sobre dança.

No entanto, por incrível que pareça, o balé americano é tão recente quanto o dos países da América Latina. Seu primeiro grupo profissional talvez tenha sido o do Metropolitan Opera House, que na década de 1920 abriu sua escola, da qual retirava os bailarinos necessários para as óperas. O Balé de São Francisco, fundado em 1933, é usualmente considerado a companhia profissional mais antiga dos Estados Unidos. Os americanos possuem no American Ballet Theater, fundado em 1940, e no New York City Ballet duas das maiores companhias do mundo. Esta última, que recebeu o nome em 1948, é resultado do trabalho de Lincoln Kirstein e George Balanchine, os quais, ao abrirem, em 1934, a escola do American Ballet, imediatamente possibilitaram a fundação de uma grande companhia. Esta fez sua estreia em 1935, com o nome de American Ballet, mudando para Ballet Caravan em 1936 e para Ballet Society em 1946, até ganhar seu nome atual em 1948. Ambas as companhias descendem, mais uma vez, dos russos. A primeira, fundada por Lucia Chase, que foi sua diretora por mais de 40 anos, vem do grupo de Mikhail Mordkin, que fora *partner* de Pavlova. O New York City Ballet foi dirigido por Balanchine até sua morte, em 1983. O grande mestre fora o último coreógrafo do grupo de Diaghilev e até a década de 1940 trabalhou intermitentemente para todas as companhias ditas russas.

As diversas viagens de Pavlova e do Balé Russo de Monte Carlo foram plantando as sementes da dança clássica através dos Estados Unidos. Diversos ex-bailarinos desses grupos foram abrindo escolas cujos melhores alunos eram normalmente absorvidos pelas grandes companhias de Nova York. A partir da década de 1940, surgiu um sentimento de orgulho bairrista que fez com que todas as cidades americanas de grande e médio porte procurassem ter suas próprias organizações artísticas. Estas se iniciaram, quase sempre, com a criação de uma orquestra sinfônica, seguida de perto por uma companhia de ópera e, finalmente, por uma de balé.

Esse espírito cívico, que se estenderia à formação de universidades, à criação de museus e de companhias teatrais, transformou aquele país não apenas num dos maiores mercados consumidores de arte, em todas as suas formas, mas também num grande centro criador. Como nos Estados Unidos é possível deduzir do Imposto de Renda o dinheiro aplicado em arte, as grandes empresas e os milionários empregam grandes quantias com essa finalidade e assim contribuem decisivamente para a fundação, o crescimento e a manutenção de diversas fundações ou companhias de ópera e balé. Os Estados Unidos se transformaram, assim, numa verdadeira Meca para músicos e artistas, recebendo um forte contingente europeu após a Segunda Guerra Mundial. Esse contingente não apenas enriqueceria a cena americana com seus conhecimentos, mas também acabaria absorvido pela forma local de fazer as coisas. A arte americana tem características próprias que a elevaram a um primeiro plano em nível mundial.

Sendo o americano um desportista por excelência, a juventude daquele país adotou a dança como forma de expressão de seu vigor e de sua ânsia de realizações. Assim, lá, existe hoje quase uma centena de companhias profissionais na acepção total do termo, trabalhando com o maior número possível de opções, desde o academicismo mais sofisticado até o modernismo mais exacerbado. O maravilhoso de tudo isso é que essas propostas convivem tranquilamente lado a lado, sem a antropofagia que se nota em outros países. Nos Estados Unidos, os clássicos não querem destruir os modernos nem vice-versa. Há lugar para todos, para todo tipo de experiência ou inovação. Só que, num mercado que já pode estar atingindo um ponto de saturação, sobrevive sempre aquilo que tem valor intrínseco, além dos modismos de ocasião, que desaparecem sem deixar traços.

X

A situação nos países da América Latina diverge da norte-americana porque na maioria deles as artes têm sido vistas como coisa secundária pelas autoridades governamentais. E como seus parques industriais são um tanto reduzidos, o número de milionários ou empresas que poderiam ajudar a ópera ou o balé é bem menor. Se observarmos bem, há um certo paralelismo entre a cultura e o dinheiro; quanto mais rico o país, mais a sua cultura se desenvolve. Talvez por essa razão os países culturalmente mais desenvolvidos da América Latina são a Argentina, o Brasil, o Chile e o México, com Cuba e Venezuela alcançando rapidamente o mesmo nível; o primeiro por motivos políticos e o segundo em razão de seus petrodólares.

Os argentinos sempre cultuaram as artes, e o Teatro Colón de Buenos Aires é considerado um dos mais importantes do mundo. Suas autoridades sempre se esforçaram por trazer para a sua capital os melhores artistas europeus. Figuras como Nijinsky, Massine, Savina, Romanoff, Kniaseff e Balanchine trabalharam várias vezes com o balé daquele teatro, que, fundado em 1922, sofreu uma grande reorganização em 1925. Durante todos esses anos, a companhia argentina trouxe para seu repertório uma extensa lista de obras de indiscutível valor. Por outro lado, esse incessante namoro com a Europa impediu a formação de grandes coreógrafos argentinos, o melhor dos quais, Oscar Araiz, trabalha com o gênero moderno e hoje dirige sua própria companhia em Genebra, Suíça.

No Brasil, a primeira companhia profissional foi o Corpo de Baile do Theatro Municipal do Rio de Janeiro, fundado sobre a escola aberta por Maria Olenewa, um presente que Ana Pavlova deixara no Brasil. Hoje indubitavelmente a nossa maior companhia, sofreu diversos altos e baixos em virtude de sua situação administrativa. Esta sempre flutuou conforme os desígnios de quem dirigia o Theatro Municipal; se o diretor preferia a ópera, o balé era relegado a pouquíssimos espetáculos anuais; se era uma pessoa mais eclética ou mais esclarecida, o balé recebia um tratamento condigno, realizando extensas temporadas e hospedando artistas e coreógrafos de renome. Seus períodos áureos foram o ano de 1945, quando Igor Shwezoff realizou uma das melhores temporadas já apresentadas naquele teatro por uma companhia nacional; as diversas fases em que Tatiana Leskova e Eugenia Feodorova empregaram seu talento e energia para elevar a companhia a um plano realmente internacional; e agora, com

Dalal Achcar, que recolocou o balé num plano do qual ele nunca deveria ter saído. O problema foi sempre a falta de continuidade, não por culpa dos diretores do balé, mas em virtude da subserviência à ópera, que se manteve durante vários anos e que causou verdadeiros hiatos na criatividade e no funcionamento da companhia.

Além do Theatro Municipal, existem no Brasil outras companhias estatais, duas das quais – a do Teatro Guaíra, em Curitiba, e a da Fundação Palácio das Artes, em Belo Horizonte – têm a dança acadêmica como ponto de partida. O Balé do Teatro Castro Alves, na Bahia, e o Balé da Cidade de São Paulo (ex-corpo de Baile do Theatro Municipal de São Paulo) buscaram uma linha mais moderna e serão tratados em capítulo pertinente.

A dança no Brasil se espalhou muito, principalmente a dança moderna, e companhias profissionais de valor existem hoje em vários pontos de nosso território. A crônica falta de verbas e o pouco auxílio governamental fazem com que diversos desses grupos subsistam precariamente e que seu trabalho sofra diversos períodos de interrupção. Apesar do evidente aumento do público, não é possível a essas companhias sobreviverem apenas com o dinheiro arrecadado nas bilheterias, pois o preço cobrado não pode ser suficiente para cobrir a lista das despesas que é preciso enfrentar para colocar um espetáculo no palco. As grandes empresas começam a despertar nesse sentido, e algumas delas vêm auxiliando a manutenção de alguns grupos, mas não na proporção requerida, já que a legislação a respeito não é tão generosa quanto a dos Estados Unidos.

O balé clássico chileno é de safra recente. Dirigido hoje por Ivan Nagy, ex-primeiro bailarino do American Ballet Theater, busca uma linguagem internacional. até mesmo no elenco, onde 50% não são cidadãos chilenos. Infelizmente, a Companhia da Universidade do Chile, dirigida por Ernest Uthoff e Lola Bothka, ex-integrantes do balé Jooss, deixou de funcionar quando estes se aposentaram. Pena porque, indiscutivelmente, foi um dos trabalhos mais sérios realizados em matéria de dança na América Latina.

No México, a dança clássica sempre esteve em segundo lugar para a dança moderna. O grande impacto nesse país foi causado pelo trabalho de Martha Graham e José Limón, este último cidadão mexicano. O Balé Nacional Mexicano se pauta pelo estilo desses dois coreógrafos.

Na Venezuela, existem duas companhias, ambas de cunho acadêmico: o Balé Nacional da Venezuela e o grupo dirigido por Zhandra Rodrigues. Ambos ainda procuram maior identificação com seu próprio país. Por enquanto, a influência norte-americana é bastante forte, o que é normal, dados os estreitos laços econômicos e culturais entre os dois países. Boa parte dos melhores bailarinos venezuelanos estudou nos Estados Unidos, e muitos lá fazem carreira, como é o caso do coreógrafo Vicente Nebrada, que agora voltou ao seu país para dirigir o Balé Nacional.

Uma exceção em todo esse panorama é Cuba. Em 1949, a grande bailarina Alicia Alonso, cuja carreira fora feita principalmente no American Ballet Theater, fundou um grupo em Havana. A revolução castrista de 1959 deu todo o apoio às artes e adotou o grupo, hoje o Balé Nacional de Cuba, como um de seus mais efetivos instrumentos de propaganda. Estando o país na órbita soviética, diversos professores e coreógrafos russos vieram trabalhar na companhia, mas a inteligência e a cultura de Alicia Alonso impediram que esta se transformasse num papel-carbono das soviéticas. Consciente de que o físico dos cubanos tem suas características, ela organizou o próprio currículo da escola de forma a favorecer os alunos. Assim surgiu o que poderíamos chamar de uma escola cubana de balé, que constitui uma mescla do melhor que Alonso viu, não importa de que país viesse, desde que favorecesse o físico do bailarino cubano. Física e artisticamente, os cubanos não copiam ninguém, mas encontraram sua identidade inclusive na liberdade de criação e na multidão de propostas que encampam. O repertório inclui desde os grandes clássicos até nomes como Balanchine ou Jerome Robbins. Grande atenção é dada ao fomento do talento nacional e a cada dois anos se realiza um festival para o qual se convidam centenas de bailarinos, críticos e observadores, numa constante troca de ideias que enriquece sobremaneira a vida da dança naquele país. Uma segunda companhia clássica foi fundada na cidade de Camaguey, vindo juntar-se ao Conjunto Nacional de Dança Moderna e ao Conjunto Folclórico numa tentativa bem-sucedida de abraçar o maior número possível de propostas.

XI

A expansão da dança chegou à Ásia e à Oceania. Na Austrália e na Nova Zelândia, fundaram-se companhias clássicas que descendem diretamente do balé inglês, já que bailarinos como Peggy van Praagh e Robert Helpmann, ao se aposentarem, foram trabalhar nesses países.

O Balé Australiano, em repertório, escola e diretrizes, pode ser mesmo considerado um "filhote" do Royal Ballet. A tentativa de criar balés com temas locais teve sucesso intermitente, insuficiente para dar à companhia uma característica própria. Isso, no entanto, não quer dizer que ela não tenha valor; bem ao contrário, é um conjunto disciplinado e coeso, de nível internacional.

Nos países asiáticos, aqueles com forte herança nacional e folclórica permaneceram infensos à criação de um balé acadêmico. Índia, Tailândia, Camboja e Indonésia não se deixaram influenciar pelos padrões ocidentais e suas companhias de dança mantêm-se fiéis a uma tradição folclórica de riqueza sem-par.

Nas Filipinas, na China e no Japão, as companhias de balé clássico coexistem lado a lado com manifestações folclóricas. O Balé Chinês nasceu após a revolução comunista e mantém indeléveis traços de contato com o balé soviético, já que foi formado basicamente por professores vindos da Rússia. Hoje em dia, busca maior identificação com suas raízes, principalmente nos temas que aborda, e maior contato com o Ocidente. Na verdade, os chineses parecem seguir o mesmo caminho que os cubanos, e deverão atingir um plano só seu, em que pesem as naturais influências soviéticas. As companhias japonesas são bem mais ecléticas e ocidentalizadas, já tendo, inclusive, alguns bailarinos de fama internacional.

O corolário de todas essas assertivas é a tentativa de demonstrar que o classicismo, que nada tem de anacrônico, é uma técnica viva e pulsante, e que seu uso nada tem de ultrapassado. Certos coreógrafos – e Balanchine era um deles – dizem que o bailarino treinado na técnica clássica é o único que pode dançar qualquer das outras técnicas, o que facilita sobremaneira o trabalho do coreógrafo.

O repertório do American Ballet Theater, por exemplo, inclui desde os clássicos de Petipa até obras de Paul Taylor e Merce Cunningham, e em todas as danças os bailarinos atingem alto grau de eficiência. Abertas por Diaghilev as portas do presente e do futuro, a dança acadêmica deixou de ser um conjunto de regras inquebrantáveis para se tornar subserviente ao talento e à inventividade de qualquer coreógrafo. Se existem outras técnicas igualmente válidas, não há qualquer razão para se abandonar a acadêmica, já que esta não é mais uma camisa de força, mas sim uma base sobre a qual se pode assentar qualquer tipo de proposta. Tem, assim, sua sobrevivência garantida, e quem contra ela investe o faz porque, na maioria das vezes, não consegue dominá-la. Ela não é a *única*, mas talvez seja a mais rica.

PARTE V

A dança moderna

Duncan, Wigman e descendência

19. A dança moderna

I

No capítulo anterior, falamos do progresso da dança acadêmica durante o século XX e da liberação desse estilo dos dogmas estreitos vigorantes até a aparição de Diaghilev. Se a intitulamos dança moderna é porque essa liberdade lhe deu novo impulso e, consequentemente, modernizou seus princípios e aplicações. Agora falaremos de dança moderna no sentido contrário ao termo dança acadêmica, ou seja, sobre os conceitos de dança esposados por uma série de outros criadores, que vão encontrar sua frente renovadora em Isadora Duncan e no empresário russo. Só que esses criadores avançariam em seu modernismo até a criação de um estilo totalmente novo.

O escritor americano John Martin definia a dança moderna como o resultado de quatro princípios, ou seja: substância (movimento), dinamismo, *metakineses* e forma, como resultado do movimento, independente da música ou de outras formas. Outro escritor americano, Walter Terry, classificou o termo "dança moderna" como um conceito de dança em lugar de um sistema acadêmico, de uma tradição ou de uma técnica cristalizada. Para Terry, existe um estilo ou forma que é, na verdade, mais expressionista do que virtuosístico, espetacular, pantomímico ou simples diversão. Na dança moderna, as qualidades pessoais mais intensas de cada artista são mais evidentes do que na dança acadêmica.

II

Nessas definições, encontramos o âmago do que seja a dança moderna, embora, com o passar do tempo, os grandes coreógrafos modernos, como

Martha Graham, tenham equalizado os seus princípios num vocabulário de dança todo próprio e que, se não chega a constituir uma técnica formalizada, pode ser reconhecido como uma base definida sobre a qual se compõem coreografias, as quais já são lecionadas em academias.

Há quem chame a dança moderna de "primitiva", mas esse termo não significa exotismo ou arcaísmo subdesenvolvido, mas apenas "primazia", ou seja, ela é primitiva porque é a primeira do seu grupo. A dança moderna é primitiva no sentido de que voltou aos essenciais, ou seja, ao início básico da dança, liberada de artifícios como sapatos de ponta, *tutus* ou temas fantásticos. Ela procura ser não uma criação artificial fertilizada pela fusão de ideias literárias com as convenções vigentes na dança acadêmica, mas um meio através do qual o artista possa expressar seus anseios mais de acordo com a vida do homem atual, seja numa forma específica ou de maneira comparativa.

Não há dúvida de que a dança moderna foi um passo adiante na liberdade preconizada por Diaghilev, e um passo que acabaria por enriquecer o trabalho dos coreógrafos acadêmicos.

Poder-se-ia dizer que o primeiro grande balé moderno foi o *L'Après Midi d'un Faune*, que Nijinsky coreografou sobre o poema sinfônico de Debussy e cuja estreia se deu em 1912. Os movimentos dos oito bailarinos inspiraram-se em desenhos encontrados em vasos gregos. Assim, boa parte da movimentação é, de fato, completamente *en dedant*, rompendo com todos os cânones do balé clássico. Essa obra suscitaria grande escândalo, pois no final o fauno copula com o véu abandonado por uma das ninfas, chegando visivelmente ao orgasmo. O sucesso ligado a esse escândalo empanou, na verdade, o fato de *L'Après Midi d'un Faune* ter sido, talvez, o primeiro grande balé moderno na concepção que o termo tem hoje em dia. Ainda que em diversas obras de Fokine o uso de sapatos de ponta fosse abandonado, o coreógrafo usava, em balés como *Sheherazade* e *Thamar*, aquilo que poderíamos denominar "versão balética" de danças de caráter, ou seja, basicamente folclóricas adaptadas teatralmente.

Como coreógrafo, Nijinsky, em seus outros balés – *Jeux*, *A Sagração da Primavera* e *Till Eulenspiegel* – se manteria na posição de buscar novas formas de movimento, de enriquecimeuto da dança clássica. Infelizmente, sua carreira seria cortada de maneira abrupta pela enfermidade mental que o seguiria até a morte, impedindo, assim, seu desenvolvimento mais profundo como coreógrafo. É, no entanto, inegável que ele foi um dos precursores do movimento moderno como hoje o reconhecemos, sendo imprescindível não esquecer que ele o fez no âmbito de uma companhia primordialmente clássica, cujas raízes vinham do Balé Imperial Russo. Só que à testa dessa companhia estava um homem que caminhava para o futuro sem, no entanto, desprezar o passado.

Em seus balés sinfônicos, criados na década de 1930, Leonide Massine fez para Nina Verchinina papéis em que se o uso das pontas é consequência da técnica clássica, está, entretanto, intrinsecamente ligado a uma movimentação corporal totalmente expressionista e dentro dos cânones da dança moderna. Hoje em dia, chegamos a um sem-número de coreógrafos que usam intensamente as duas técnicas em seu trabalho, e bom número de companhias de dança moderna treina seus bailarinos também dentro da técnica clássica, através da qual procuram reforçar a sua base e torná-los, assim, melhores instrumentos para a criatividade de sua coreografia.

Mas nem sempre foi assim. Se hoje a declaração de Mary Wigman de que só conhecia dois tipos de dança, a boa e a má, é comumente aceita, da década de 1930 à de 1950 havia um forte antagonismo entre os dois grupos, acadêmico e moderno, cada qual com seu público especializado, que jamais assistia aos espetáculos do grupo rival, cada qual procurando provar ser sua a "verdadeira" dança. Hoje a batalha chegou a um final feliz, pois há lugar para todos os estilos, todos são igualmente válidos e vitoriosos, já que enriquecem toda uma arte e, consequentemente, a criatividade humana, na qual existem numerosas estradas abertas tanto para o público quanto para os intérpretes. Hoje em dia, o dançarino moderno que desdenha a técnica acadêmica, ou vice-versa, dá apenas uma demonstração de provincianismo, de desconhecimento do mundo à sua volta e, principalmente, de uma grande falta de autoconfianca, tentando destruir o trabalho alheio para que só o seu sobreviva.

III

Nos primórdios da dança moderna, seus cultores não tinham outra ideia em mente além de sua própria liberação, iniciada através de diversos experimentos. Tanto Isadora Duncan quanto Ruth St. Denis não baseavam o seu não conformismo em qualquer ordem ou máxima. Sabiam apenas que os princípios da dança acadêmica não eram para elas e sentiam a necessidade de levar a liberação da dança para além desse estilo que viam como os fios estranguladores de uma tradição ultrapassada. Logo sentiram que estavam trabalhando para uma razão definida, mas é provável que seus primeiros passos tenham sido intuitivos. Duncan foi buscar suas raízes na Grécia Antiga e St. Denis, nas danças rituais do Oriente, mas ambas foram primitivas em sua tentativa ansiosa de voltar ao que julgavam ser a fonte natural da arte através do movimento. Por fim, ambas expressariam formalmente seus princípios e influiriam não apenas em seus contemporâneos, mas em toda uma nova geração de bailarinos, os quais, de forma bastante pessoal, transformariam a dança num conceito permanente a respeito do que era moderno ou contemporâneo.

Na Europa, o pioneirismo de Duncan e St. Denis despertaria Rudolph van Laban e Mary Wigman; nos Estados Unidos, os primeiros nomes são Ted Shawn, Martha Graham, Doris Humphrey, Charles Weidman, Helen Tamiris e Hanya Holm, os quais foram não apenas intérpretes superiores das técnicas modernas, mas também criadores que puderam analisar, sistematizar, exprimir e esclarecer os princípios da dança moderna até o ponto em que esta pôde ser lecionada em academias. Ao mesmo tempo, puderam adaptar seus princípios às necessidades teatrais, estendendo seu campo de ação desde a dança abstrata até as formas dramáticas, passando, inclusive, pelo cinema e pela comédia musicada.

Se a dança moderna evita o princípio de um vocabulário explícito de movimento, seu progresso levou-a a buscar nas bases já existentes uma outra através da qual se pudessem expressar seus próprios cânones. É importante notar que os maiores criadores da dança moderna a abraçaram *por opção* e não como recurso; não é o caso dos que, tendo tentado a dança acadêmica e não o conseguindo, viraram-se para o modernismo com um sentido de vingança, tentando destruir um sistema que não haviam conseguido abraçar ou dominar. Essa é, infelizmente, a situação, hoje em dia, de vários artistas ditos modernos.

IV

O coreógrafo moderno acredita que cada nova ideia deva exprimir-se através de sua própria movimentação motora. Assim, cada gesto ou processo é explicado quando necessário, e determinados movimentos de cada artista aparecem com certa constância em suas obras, dando, então, um cunho individualista ao seu trabalho e propiciando o reconhecimento do estilo próprio de cada um. Em geral, todos aderem ao princípio de que cada ideia, cada emoção, cada impulso devem encontrar sua própria realização nos movimentos. Na dança moderna, nada deve ser supérfluo ou passageiro, cada sequência de passes ou gestos deve contribuir para uma completa expressão da ideia ou tema que se quer demonstrar.

Além de contribuir para os princípios de liberdade de ação no campo da dança, os modernos exploram de forma quase científica as possibilidades motoras e as limitações do corpo humano, o uso de seu dinamismo, o emprego dramático do espaço e do ritmo corporal em movimentos. Tais explorações têm servido não apenas à própria dança moderna, mas a qualquer forma de expressão corporal, uma vez que diversas dessas descobertas ou redescobertas são aplicáveis à ação física do corpo em qualquer de suas manifestações.

Depois de uma atividade quase centenária, a dança moderna ainda é ocasionalmente mal-interpretada, continuando a ter detratores, principalmente entre aqueles cujo senso do que seja a dança como arte parou em *O Lago dos Cisnes*. No início de suas carreiras, Duncan e St. Denis foram motivo de chacota por parte dos tradicionalistas e de alegria por parte dos eternos escravos da novidade. Graham, Humphrey e seus contemporâneos tiveram seus trabalhos chamados de estranhos, obscuros e feios. Claro que eles não eram nada disso, apenas inconvencionais. Pouco a pouco, o público foi descobrindo que a dança moderna não é esotérica – na verdade, às vezes é até mais simples de entender do que as formas tradicionais, porquanto ela é basicamente "primitiva", enquanto as formas acadêmicas requerem da audiência um certo conhecimento de suas tradições. Isadora Duncan acreditava que a alma estava localizada perto do plexo solar, e o dançarino moderno espera que sua plateia reconheça o efeito de sua dança na mesma região. Em outras palavras, ele não está dirigindo suas ideias através da dança diretamente ao cérebro condicionado a coisas aprendidas em sala de aula ou impressas no programa do espetáculo. O que ele procura é atingir diretamente a alma ou as emoções, localizadas no plexo solar ou onde quer que estejam, e que receberá apenas a filtragem de seu trabalho, seja para análise, comentário, aceitação ou recusa. Inevitavelmente, a explicação pode ser mais complicada que o resultado. Mas, sumarizando: a dança moderna é a expressão do homem interior-intérprete e sua comunicação direta com o homem interior-assistente. Por isso os criadores da dança moderna foram buscar sua temática nos impulsos sexuais, nos problemas raciais, no relacionamento do homem com Deus, nos problemas domésticos, nas questões relativas à democracia, em suas próprias autobiografias, seja de forma trágica, cômica, satírica ou abstrata.

V

Estabelecidos os conceitos da dança moderna, seu desenvolvimento se fez com rapidez, principalmente na década de 1950 e nas que se seguiram. Os processos básicos seriam, em princípio, dois: o crescimento do público, pronto a absorver novas propostas de dança, e o consequente aumento do número de companhias em operação. Começaram a surgir também as companhias que poderíamos chamar de "filhotes" daquelas até então existentes.

Há um traço comum entre os criadores de dança moderna que define muito bem seu sistema. Com raríssimas exceções, os grupos sempre são fundados por uma personalidade, em torno da qual funcionam. Essa personalidade é não apenas fundador da companhia, mas seu único coreógrafo e diretor. Sem dúvida, o próprio nascimento, muito individualista, da dança moderna fez com que assim fosse. Por essa razão, quando algum membro do grupo sente necessidade de expor suas ideias e seus próprios conceitos, tem de sair da companhia "mãe" e fundar seu próprio conjunto.

Martha Graham é o exemplo mais típico. Diretora por mais de 50 anos do seu próprio grupo, ela o transformou em veículo para a afirmação de seus próprios ideais. Só ela coreografa para a sua companhia, e desta saíram nomes como Erik Hawkins, Merce Cunningham, Paul Taylor, Sophie Maslow, Anna Sokokow, Clive Thompson e Dan Wagner. Todos fundaram companhias próprias, nas quais só eles são coreógrafos e que passam, assim, a ser mostruários e repositórios de suas ideias.

São raríssimas as companhias modernas, como a de José Limón, com repertório variado no sentido de incluir obras de dois ou mais coreógrafos. A de Limón, por exemplo, incluía obras de Humphrey Weidman, Hoving e Pauline Koner, além das do próprio diretor.

Essa personalização leva a outro resultado, um pouco angustiante, ou seja: poucas companhias e seu repertório sobrevivem à morte do fundador. Pode ser que esse problema se resolva com a existência, hoje em dia, dos vídeos e da escrita da dança. Mas, mesmo assim, o sistema de trabalho é tão estreitamente ligado a uma personalidade que, com o desaparecimento desta, tudo parece fenecer. Novamente, Limón será um exemplo típico, já que as tentativas, por Carla Maxwell, de manter viva a sua companhia (Limón faleceu em 1972) não vêm encontrando muito sucesso.

Esse personalismo é outra característica da dança moderna, raramente encontrada no balé acadêmico. Na verdade, só nos lembramos de poucas companhias, como as de Béjart e Eliot Feld, cujo repertório inclui obras de um único coreógrafo.

VI

As melhores companhias modernas, e novamente a de Martha Graham é exemplo típico, seguem diversos dos princípios sustentados por Diaghilev, principalmente aquele em que se afirma que o balé é o resultado final do trabalho conjunto de libretista, compositor, cenógrafo e coreógrafo. Graham, sobretudo depois do firme estabelecimento do seu conjunto, que durante vários anos trabalhou de forma periférica, fez tudo para ter a seu redor compositores como Louis Horst, Carlos Surinach, Carlos Chávez, William Schuman, Aaron Copland e Paul Hindemith. Seus desenhistas incluem Isamu Noguchi, Henry Kurth, Frederick Khisler, David Hays e Ming Cho Lee, entre outros.

Não só Graham, mas todos os coreógrafos modernos têm uma visão muito ortodoxa no que se refere ao uso da música e dos temas. Se uma boa maioria de seus trabalhos usa composições modernas ou contemporâneas é porque estas se identificam mais com as ideias desses criadores. No entanto, seus repertórios, como o de Paul Taylor, são totalmente abrangentes no que tange a escolas musicais, indo desde Bach e Händel até Stravinsky e Penderecki. Há casos em que os coreógrafos se identificam intimamente com um único compositor, trabalhando na maioria das vezes em sintonia com ele. Assim, boa parte do trabalho de Merce Cunningham usa composições de John Cage, e Lucas Hoving trabalha intimamente ligado a Lucia Dlugozewicz, a qual, inclusive, executa suas próprias composições durante os espetáculos.

Os coreógrafos modernos parecem ser todos altamente intelectualizados, o que se reflete, sem dúvida, em seus trabalhos, muitos dos quais são uma tentativa de colocar diante do público seus próprios problemas interiores. Nesse aspecto, eles estão em perfeita sintonia com a poesia e o romance dos nossos tempos. É o uso da arte além da simples diversão, como manifestação do intelecto, através do qual se pretende aumentar o nível de experiência e de comunicação do intérprete ou da plateia.

Longe estão os dias em que os espetáculos de dança moderna eram poucos, apresentados apenas em universidades ou locais fora dos grandes centros. Ela tem hoje um público ávido e certo, conquistado através de muito esforço e árdua luta, mas que definitivamente a incluiu entre as grandes expressões artísticas do nosso tempo. O melhor de tudo é que ela veio somar-se ao que já existia de valor sob a forma de dança. Não veio ocupar o lugar de ninguém, mas apenas o seu, que estava vago.

A dança moderna extrapolou suas próprias fronteiras quando muitos de seus princípios foram adotados dentro de propostas acadêmicas. Hoje há uma troca saudável entre todas as propostas, pois essa é a própria razão de ser da dança como arte. Repetimos o que disse Mary Wigman: só existem dois tipos de dança – a boa e a má.

VII

Antes da Segunda Guerra Mundial, a dança moderna se desenvolveu principalmente nos Estados Unidos e na Alemanha. No grande país americano, esse desenvolvimento se deu principalmente pela falta de uma tradição clássica, enquanto na Alemanha o movimento surgiu em virtude do alto grau de intelectualidade que permeou todas as manifestações artísticas nas décadas de 1920 e 1930, inclusive a permanente tentativa do gênio alemão de manter suas características próprias e evitar ao máximo as influências externas.

Em 1932, com o seu balé *A Mesa Verde*, Kurt Jooss ganharia o prêmio de coreografia em Paris e iniciaria o trabalho de uma das maiores companhias de dança moderna que o mundo já viu. Essa companhia teria continuidade no balé da Universidade do Chile, fundado e dirigido por um casal de bailarinos saídos do grupo de Jooss e que seria uma das boas companhias modernas da América Latina, até ser extinto, na década de 1970.

No resto do mundo, o modernismo se desenvolveria principalmente nos países novos e menos tradicionais, como México, Argentina, Brasil e Cuba, onde muitas das companhias de dança moderna são oriundas das escolas de Martha Graham e José Limón, ou seja, diretamente na esfera norte-americana.

Na Europa, além da Alemanha, o modernismo em dança se desenvolveria principalmente com Ivo Kramer e Birgit Cullberg, na Suécia. Esses coreógrafos sofreram marcante influência dos alemães, principalmente de Wigman e Jooss.

Na França e na Inglaterra, o movimento só surgiria com força total bem recentemente, ou seja, nos últimos 20 anos. Companhias como a London Contemporary Dance Theater só surgiriam após as visitas que a companhia de Martha Graham fez a Londres, nas décadas de 1950 e 1960. Foi um bailarino de Graham, Robert Cohan, que se estabeleceu na Grã-Bretanha e deu início a essa companhia.

Na América, devemos citar os nomes de Nina Verchinina e Lourdes Bastos, no Brasil; de Oscar Araiz, na Argentina; e de Guillermo Arriaga e Ana Mérida, no México, cujo governo chegou a formar uma companhia nacional que ultrapassou em muito a dança acadêmica naquele país.

Toda essa criatividade foi resultado do já citado avanço das artes no mundo todo, somado à busca pessoal de realização da necessidade de expressão. No México, por exemplo, deu-se grande ênfase a obras com temas mexicanos, cuja música foi entregue a alguns dos maiores compositores daquele país, como Carlos Chávez, e os cenários e figurinos a artistas do porte de Diego Rivera e Rufino Tamayo.

Na América Latina, nota-se uma certa tendência dos modernistas a lutarem contra o estabelecimento de companhias acadêmicas, numa batalha inglória e contraproducente, há muito abandonada nos países europeus e na América do Norte. Talvez isso faça parte do chamado subdesenvolvimento generalizado, da necessidade constante de autoafirmação. Qualquer que seja a razão, ela é contrária ao progresso da dança no mundo todo, pois as companhias modernas que tentam antropofagicamente alimentar-se do cadáver das instituições acadêmicas esquecem que depois delas virá quem se vai alimentar do *seu* cadáver. No final esses países acabarão saindo desse estágio. Só que, quando o fizerem, muita coisa boa já terá perecido em nome do modernismo e da contemporaneidade.

VIII

Com o passar do tempo e a sedimentação de diversos ensinamentos da dança moderna, foram sendo criados estilos ou escolas, alguns facilmente reconhecíveis através do tipo de coreografia de seus inventores. Assim, o estilo Martha Graham é facilmente identificável, o mesmo acontecendo com o de Paul Taylor ou Merce Cunningham. E apesar de isso parecer um paradoxo e uma negação dos princípios básicos do modernismo, foram criadas escolas que funcionam em academias específicas. O método de Graham se espalhou com muita rapidez e é ensinado em diversas academias de dança moderna.

Mas permanece uma diferença básica com relação às escolas acadêmicas. Enquanto estas têm um método codificado de ensinar a dança, as modernas preparam o corpo através de exercícios bastante livres para a execução dos respectivos estilos. Nessa preparação, há muito da própria dança acadêmica, deformada conforme os desejos e necessidades de cada um.

IX

É interessante assinalar que para muitos o modernismo ao estilo de Martha Graham já é coisa do passado. São aqueles que estão sempre em busca de novidades e para os quais só é bom aquilo que foi feito, no máximo, até o mês passado. Colocam permanentemente o olhar no futuro, tentando, de modo desesperado, apagar o passado como coisa que não tem mais razão de existir. Esquecem, entretanto, que tentando apagar o passado estarão, na verdade, apagando as próprias bases da arte que dizem amar. E como nenhum edifício se sustenta sem alicerces, aquilo que constroem é, na maioria das vezes, um castelo de areia.

Não podemos esquecer que o trabalho de Graham, Wigman e Von Laban começou na década de 1920, já tendo assim bem mais de 50 anos. É uma arte amadurecida, filtrada e que já atingiu a tranquilidade criativa da meia-idade. Já é um capítulo incorporado à história da dança, mas permanece vivo no trabalho da própria Graham e de seus "filhotes", que se espalharam por diversos países. E cada um desses discípulos soma o resultado de suas buscas e pesquisas ao edifício da dança, transformando-se de acordo com os tempos. Na verdade, muito daquilo que hoje se chama contemporâneo é simplesmente uma sequência do que vem sendo feito desde o início deste século. Apesar do desmentido veemente de muitos coreógrafos atuais, é fácil traçar sua linha de descendência a partir de diversos estágios da evolução da dança no nosso século.

20. A dança contemporânea

I

Dança contemporânea é tudo aquilo que se faz hoje dentro dessa arte. Não importam o estilo, a precedência, os objetivos nem a sua forma. É tudo aquilo que é feito em nosso tempo, por artistas que nele vivem.

A assertiva não é deste autor, mas do crítico Clive Barnes, com o qual concordamos inteiramente. Isso não significa que não existam novos talentos à procura de caminhos ainda não utilizados, que buscam no seu próprio ser e naquilo que os cerca algo que enriqueça sua vida e lhes dê inspiração para a sua obra. A afirmação de Barnes parte do princípio de que a dança como arte interpretativa alcançou a sua maioridade e que o trabalho que sobrou dos pioneiros permanece vivo diante de nós. As técnicas e soluções apresentadas por esses pioneiros são hoje em dia tão válidas quanto o foram na época de seu descobrimento, e seu emprego por coreógrafos atuais não significa um olhar ao passado, mas simplesmente usar de forma atual o que nos foi legado por mais de 300 anos de dança como arte dos palcos.

Assim, são contemporâneos os coreógrafos que usam a técnica clássica, como Balanchine, Ashton, Robbins e Béjart, aqueles que se apoiam num modernismo que, na verdade, já atingiu os 60 anos, como Graham e Taylor, ou os pesquisadores atuais, como Carolyn Carlson, Lucinda Childs ou Twyla Tharp.

Para ser contemporâneo, não se precisa forçosamente buscar estradas até então impenetradas. A dança, como arte e como diversão, já se diversificou de tal forma que sua contemporaneidade implica o hoje, mas não necessariamente o novo.

II

A dança é uma arte viva, cheia de energia e de juventude. Ela busca o uso do movimento como forma de expressar tudo, desde a despedida de dois amantes até os dramas que se podem passar dentro dos quartos de uma casa de cômodos. O coreógrafo atual pode buscar sua inspiração em qualquer fonte: sua visão pessoal, a literatura, suas observações. Claro que nem todas as fontes são igualmente boas e nem todos os que tentam usá-las sabem fazê-lo com a necessária clareza. Se hoje aumentou muito o número de bailarinos tentando coreografar, é bem pequeno o percentual daqueles que conseguem atingir o seleto grupo dos verdadeiros talentos inovadores, a ponto de inscreverem seu nome na história da dança.

III

Entre os autointitulados contemporâneos, há uma boa quantidade de aventureiros. Na sua maioria, são pessoas de técnica e conhecimento deveras incipientes que buscam, através de uma atitude agressiva, inscrever à força o seu nome no livro da dança. Em nome do contemporâneo, do atual, procuram demolir o trabalho mais acadêmico, declarando, peremptoriamente, que só eles estão em sintonia com o mundo moderno. E como as aplicações da dança vêm sendo cada vez maiores, essas suas necessidades de expressão são coibidas, em boa parte, por seus parcos conhecimentos sobre as próprias bases dessa arte.

É interessante notar que um pianista, para se apresentar em público, tem de passar forçosamente pelas salas de aula dos conservatórios, não podendo simplesmente sentar-se ao piano e desandar a batucar nas teclas aleatoriamente. Assim também o bailarino – mesmo aquele que, por motivos íntimos, decida desbravar novos caminhos – não pode prescindir da base técnica de sua arte, ou seja, deve abraçá-la por opção e não como último caminho, como o fazem muitos que se intitulam modernos, porque seus poucos conhecimentos não lhes permite outra coisa.

IV

A desculpa de boa parte dos pseudocontemporâneos é que o balé clássico, baseado em lendas ou histórias românticas, está afastado da realidade à nossa volta; a técnica, seja qual for, não lhes faz falta, de vez que a movimentação do corpo livre seria válida desde que transmitisse a ideia ao público. No entanto, essa falta de base cerceia o uso adequado desse mesmo corpo, e o coreógrafo vai buscar de outras maneiras o enriquecimento do seu trabalho.

O autor assistiu em Nova York, nos jardins do Museu de Arte Moderna, a uma "dança" em homenagem à primavera, cujas "bailarinas", vestidas com malhas inteiras, eram senhoras em estado bem adiantado de gravidez, que mal podiam andar, quanto mais dançar. A ideia era que a gravidez significa a estação primaveril, durante a qual todas as coisas renascem. Claro que não se podia falar em dança. Era um espetáculo flagrantemente apelativo e até constrangedor, pois colocava a beleza da gravidez diante de um público estarrecido, que não sabia o que fazer.

Na mesma cidade, houve um espetáculo de "balé-pintura", ou seja, bailarinos nus mergulhavam em vasos de tinta e rolavam sobre imensos panos brancos ao som de uma mistura musical bastante indigesta, durante a qual só se podia pensar no tempo que levariam para tirar toda aquela tinta do corpo. Não havia ali qualquer coreógrafo e, no lugar de bailarinos, podiam ter sido usadas crianças ou macacos que o efeito teria sido absolutamente o mesmo.

V

Ao mencionarmos o "balé-pintura", entramos diretamente numa das características principais da dança contemporânea, ou seja, ela pode ser dançada em qualquer lugar, usando-se quaisquer meios disponíveis. É batizada com o nome de dança-teatro, dança livre, dança atual ou qualquer outro. Na verdade, esses nomes são indicadores da mistura, nem sempre muito feliz, da expressão corporal com outras artes. É mais uma tentativa de se criarem novos espaços, novas formas de expressão, mas o resultado dessa mistura não parece muito enriquecedor para a dança como tal, já que tais espetáculos atraem o público mais como curiosidade do que propriamente como arte. Um bom balé, tal como um bom conto, uma boa música ou uma boa peça, deve aguçar nossa vontade de voltar a vê-lo outras vezes. E cada vez que o virmos haverá sempre uma renovação das emoções que devem ser despertadas. A arte imediatista é como um panfleto político: a gente lê, amassa e joga fora.

VI

Com boa parte dos autointitulados contemporâneos, a dança praticamente fecha todo um ciclo. Ela passa a fazer parte de um texto teatral do qual é apenas um dos segmentos, não mais a razão primeira de todo o espetáculo. Assim, são postas de lado regras básicas da dança acadêmica, tais como a técnica, o físico dos bailarinos e o sistema que podíamos chamar de diaghileviano, no qual todas as artes são usadas direcionalmente em função da dança. Há muitos contemporâneos que misturam textos e um número enorme de objetos cênicos, simbolicamente usados durante suas danças, e que têm a mesma importância que a coreografia, quando esta existe.

Recentemente o autor assistiu a um espetáculo intitulado *Teatro-Dança*, no qual uma das bailarinas era uma senhora de físico avantajado, muito pesada e que pouco mais fazia do que mexer os braços. E a um concurso, na cidade de São Paulo, em que seis gordíssimas jovens, ao som de concertos de Vivaldi, pulavam no palco como paquidermes soltos numa arena. Podem dizer que essa é uma forma de desmistificar a dança, trazendo-a mais para a realidade do mundo de hoje. Mas aqui voltamos a repetir que a dança não é diferente das outras artes. Para exercê-la totalmente, são necessários certos fundamentos, sem os quais não se constrói um edifício. O que boa parte dessas pessoas está fazendo chama-se "apelação": em nome do modernismo e da iconoclastia, tentam captar as boas graças dos menos avisados, que se afastam da verdadeira dança como se esta fosse coisa do passado. Só que esse sistema é autodestruidor. Esses coreógrafos usam um tratamento de choque, sacudindo seu público através do impacto de imagens das quais a dança é apenas parte. Mas esse impacto funciona apenas da primeira vez que se vê o balé. E o coreógrafo fica obrigado a criar sempre novos impactos e a abandonar os antigos para se manter na crista da onda. Ora, isso esgota até os verdadeiramente talentosos, quanto mais aqueles cujo talento é dúbio. E é realmente impressionante ver o número de propostas ou de pseudocompanhias de dança que desaparecem, ou melhor, são destruídas pela voracidade de um tipo de plateia sempre em busca de uma coisa nova, coisa essa que nem mesmo essa plateia sabe o que é.

VII

Será então que não existem novos pesquisadores sérios e realmente bem-intencionados, procurando encontrar novos caminhos para a dança?

Claro que há. Em primeiro lugar, muitos dos coreógrafos chamados acadêmicos – e os nomes de J. Robbins, M. Béjart e J. Neumeier vêm imediatamente à tona – incorporam constantemente em seus trabalhos todas as novidades válidas que aparecem. Se Béjart pode ser às vezes acusado de excessivamente teatral e de saber usar o citado tratamento de choque, não há dúvida de que seu campo primordial é a dança, e é para enriquecê-la cenicamente que ele trabalha. O mesmo acontece com Neumeier, agora dedicado a coreografar todas as sinfonias de Mahler e todas as missas de Bach. A mistura entre o classicismo e o modernismo em Neumeier é quase uma segunda natureza, e a forma pela qual ele usa seus bailarinos o coloca numa classe à parte, já que, sendo basicamente de técnica acadêmica, eles podem tranquilamente interpretar qualquer estilo que lhes seja solicitado. E Robbins, no seu *Danças na Reunião,* criado pelo New York City Ballet, em 1969, deu, em termos de pura dança, uma resposta aos excessos que se cometiam em nome da atualidade. Usando dez bailarinos, roupas simplíssimas, um pianista tocando música de Chopin, fez um balé com cerca de 50 minutos de uma inventividade absolutamente espantosa, demonstrando que nada supera a dança pura quando esta é feita com talento.

Há vários pesquisadores, como Trisha Brown, Carolyn Carlson, Régine Chopinot, Gigi-Gheorge Caciuleanu, Twyla Tharp e outros mais, que, através de seus talentos individuais, contribuem efetivamente para o progresso da dança como arte. Nesta altura dos acontecimentos, quase não faz mais diferença se a base de seu trabalho é acadêmica ou moderna – não há dúvida de que ela é sólida. Seus bailarinos, na verdade, sabem dançar, não são unicamente figuras num palco, encarregadas apenas de andar de um lado para outro desfolhando diante do público os símbolos das neuroses do coreógrafo, dos quais só ele mesmo sabe dar uma interpretação.

Na Alemanha, surgiram três coreógrafas que se esforçaram por colocar a dança acima da simples diversão. São elas: Pina Bausch, Renate Hoffmann e Suzanne Linke. Em todos os seus trabalhos há uma constante procura de identificação do movimento com as dificuldades sociais ou com a problemática do ser humano. Bausch, talvez a mais radical de todas, vai ainda mais longe: ela quer ver a reação da plateia ao que acontece no palco. Neste, os bailarinos executam várias vezes a mesma sequência de passos numa repetição exasperante que faz com que boa parte do público, ao final de três ou quatro horas de espetáculo, se levante e saia do teatro. Naturalmente, Bausch fica entre o público, prestando mais atenção às reações deste do que ao que acontece no palco.

Não só nessas três profissionais, mas numa boa parte dos coreógrafos de vanguarda, está sempre presente a preocupação de usar a dança de forma mais séria, ou seja, sintonizada com o homem moderno e seus problemas como indivíduo ou como parte do mundo que o cerca.

No Brasil, os modernos e contemporâneos se encontram em maior número que os clássicos. Na verdade, só as companhias do Theatro Municipal do Rio de Janeiro, da Fundação das Artes de Belo Horizonte e do Guaíra de Curitiba se dedicam ao balé acadêmico. Nas demais companhias profissionais existentes, ainda que em muitas delas a técnica acadêmica seja a base de tudo, o trabalho é dirigido a outros tipos de propostas. Assim, Lourdes Bastos fundamenta o seu na técnica de Martha Graham, enquanto Cyro Barcellos, cujo currículo inclui desde aulas de balé clássico até shows de boates, mistura com muito talento todas as técnicas a que foi submetido como aluno e como profissional.

O Grupo Corpo, de Belo Horizonte – cujo coreógrafo, Rodrigo Pederneiras, é hoje um dos melhores do país –, tem uma linha mais pessoal, alternando obras de temática social, como *Maria, Maria* e *O Último Trem*, com os musicalíssimos balés criados por Rodrigo, nos quais a meta é a emoção através da música e do movimento. Em São Paulo, o balé Stagium também tem um repertório em que Décio Otero e Marika Gidali fazem um agudo e perceptivo comentário das mazelas sociais neste país.

O Balé da Cidade de São Paulo, que, sob a direção de Antônio Carlos Cardoso, se insere mais ou menos na escola de Oscar Araiz, com quem trabalhou algum tempo, vem sofrendo seguidas mudanças de direção, o que o levou a uma estagnação pouco propícia a uma continuidade efetiva. Cardoso acaba de reassumir a companhia e é de esperar que ela volte ao estágio exemplar que atingiu na década de 1970.

A dança tem, hoje em dia, usos dantes nunca sonhados. Pode ser usada até terapeuticamente, prescrita por muitos médicos como forma de obter recuperações físicas ou musculares. Conhecemos o caso de um ginasta olímpico que, após sofrer sério acidente no exercício de barras paralelas, foi fazer dança a conselho médico. Hoje em dia ele não apenas está curado, mas é um bailarino profissional.

O que acontece, na verdade, é que, de todas as artes, talvez a dança e a pintura sejam as que mais se prestem ao aparecimento de aventureiros e charlatães, que, não possuindo as técnicas básicas necessárias à profissão, procuram no inusitado, no novidadeiro, no escândalo ou na iconoclastia as fontes para seus ataques aos cânones estabelecidos. Não se deve confundir esses pseudoartistas com aqueles efetivamente talentosos cuja rebeldia desbrava novas fronteiras para essas artes. Os primeiros encontram guarida momentânea num tipo de público sempre ávido por novidades e que vive em estado de pavor pela possibilidade de não estar sintonizado com a sua época; os outros têm ressonância naquela parcela do público efetivamente interessada na arte, e não apenas em modismos; seu trabalho sobreviverá por ser fruto do talento. No nosso mundo de hoje, talvez ambos os tipos sejam necessários.

VIII

Então, o que pode ser considerado dança hoje em dia?

Tudo.

É dança o trabalho neoclássico de George Balanchine, um dos gênios do século, que reconduziu o emprego da técnica acadêmica a um plano criativo absolutamente ímpar.

É dança a manutenção dos clássicos feita pelos dinamarqueses, pelos ingleses, pelos russos e por todas as companhias que se dedicam a remontar com carinho as grandes obras do passado.

É dança o trabalho de clássicos modernos como Frederick Ashton e Jerome Robbins, cuja obra abrange todo o painel de possibilidades da dança clássica, empregando-a até mesmo com espírito satírico, dramático ou romântico, conforme se mostre necessário.

É dança o trabalho de Martha Graham, Paul Taylor, Merce Cunningham, Twyla Tharp e de todos aqueles que buscaram e encontraram novas formas de expressão através do movimento corporal, juntando à sua técnica tudo que de bom havia em outras propostas, como, por exemplo, o *jazz*.

É dança o trabalho de pesquisadores como Lucinda Childs, Carolyn Carlson e outros profissionais da atualidade que tentam romper novas barreiras sem demonstrar a necessidade de destruir o que foi feito por seus antecessores.

É dança o trabalho das companhias folclóricas não só da área socialista, mas da Espanha, da África e da Ásia, que se dedicam a cultivar e manter a riqueza da cultura popular de seus países.

É dança o trabalho de coreógrafos de talento que, em pleno teatro comercial, como é o caso da Broadway nova-iorquina ou do West End londrino, elevaram as rotinas das comédias musicais muitos planos acima do nível que ostentavam no passado, abrindo mais um mercado de trabalho para o bailarino profissional.

É dança o que faz todo pesquisador sério num estúdio de bairro, numa igreja abandonada, numa escola de subúrbio, num teatro de província, desde que essa dança seja feita com a intenção de aprimorar a arte, e não apenas como expressão pessoal de um modismo passageiro.

É dança o que de bom se fez no passado, o que de bom se faz agora e o que de bom se fará no futuro, e será dança aquilo que contribuir efetivamente, aquilo que se somar positivamente às experiências vividas por gerações de artistas que dedicaram suas existências ao plantio e cultivo de uma arte cujos frutos surgem agora, não apenas nos nossos palcos, mas nas telas dos nossos cinemas e dos nossos televisores, deixando de ser algo cultivado por uma pequena elite para se transformar num meio de entretenimento dos mais populares nas últimas décadas.

21. Apreciações críticas da dança

I

Qual seria a melhor forma de se apreciar a dança?

O ideal seria que o apreciador possuísse conhecimentos históricos e técnicos que lhe permitissem usufruir plenamente o espetáculo representado à sua frente. Como todos os ideais, porém, este é também inatingível. Na verdade, se atingido, negaria a própria existência da arte da dança como manifestação popular, dirigida a todas as camadas de público possíveis. A melhor solução é aquela que traz maior número de pessoas para dentro do teatro sem que para isso seja necessário baixar a qualidade do espetáculo e, ao mesmo tempo, oferecendo ao público a maior gama possível de propostas, fazendo-o ver que todas são válidas e que em todas existe uma beleza a ser usufruída.

No entanto, gosto não se discute. Do mesmo modo que cada um de nós pode preferir filmes de amor ou de terror, contos policiais ou clássicos, Bach, Chopin, ou Stravinsky, todos temos o direito de eleger a forma de dança que mais nos agrada e a ela dar o nosso patrocínio. Só não temos é o direito de denegrir aquilo que menos nos agrada em favor do nosso gosto pessoal. Não gostar de uma coisa não nos dá o direito de chamá-la de "droga" ou de "horrível", principalmente porque há outras pessoas para quem o inverso é a verdade. Melhor seria se todos aprendêssemos a colocar cada coisa no seu lugar e na sua época, desfrutando-a dentro do seu plano histórico.

Recentemente, ao assistir a uma excelente representação do clássico *D. Quixote*, o autor ouviu, na saída, uma senhora dizer para o seu acompanhante:

– Gostei, mas, decididamente, não é um Béjart...

Essa é a pior atitude que alguém pode ter, ou seja, fazer comparações impossíveis, da mesma forma que não se pode comparar Shakespeare com Tennessee Williams. Cada um representa uma época, uma forma de escrever, um modo de exercer o seu mister. No caso, entre Petipa e Béjart há um enorme abismo em termos de propostas, de situações, do como, do porquê, da época e das circunstâncias que viram nascer cada trabalho. Um clássico é um clássico, ou seja, seu valor transcende o modismo. Ele representa uma época e deve ser enfocado e julgado dentro daquilo que se propõe. Se entramos num teatro para ver uma *Giselle*, podemos julgar as interpretações, a versão cênica, os cenários e os figurinos. O balé em si já está acima desse tipo de julgamento.

Na verdade, as pessoas que assim agem e raciocinam estão se fechando nos próprios casulos, não se permitindo usufruir toda a gama e toda a riqueza de ideias e estilos que a dança apresenta.

II

Como poderia o público usufruir melhor a dança como espetáculo?

Em primeiro lugar, procurando informar-se a respeito do que lhe vai ser oferecido no palco, ou seja, qual o balé que vai ver, a que época pertence, qual a escola do coreógrafo – enfim, adquirindo informações que lhe permitam situar a obra no tempo e no espaço.

Em seguida, mesmo que o balé não lhe agrade, lembrando-se de que, se ele agradou a outras pessoas, algum valor deve ter. E, como ninguém é o dono da verdade, a pessoa pode dizer que não gostou, mas não deve afirmar que é uma porcaria.

Acima de tudo, essas apreciações não devem ser baseadas em parentescos e amizades pessoais. Acreditamos que o verdadeiro amigo seja aquele que saiba dizer a verdade ao artista, e de uma forma que esse artista possa aproveitar para progredir no seu campo. Se o artista não aceitar o comentário, pior para ele. Pior ainda quando os laços de sangue fecham os olhos de pais, mães e outros parentes para a realidade. Claro está que não estamos citando aqui as festas escolares de fim de ano. Estamos colocando a coisa no plano profissional. Se é normal uma mãe preferir sua filha às outras bailarinas, essa preferência não deve extrapolar para a crítica e para o restante do público.

É possível que essas afirmações soem excessivamente doutrinárias e pessoais. No entanto, são fruto da nossa experiência. Gostaríamos que o leitor raciocinasse sobre elas sem paixão, pois se assim o fizer verá que nosso objetivo é apenas ensinar a se apreciar a dança da forma mais global possível.

III

Existem alguns aspectos preocupantes que cercam o mundo da dança hoje em dia. O primeiro deles são os custos. O dinheiro necessário para se manter uma companhia em funcionamento é muito maior do que o que pode ser arrecadado nas bilheterias. Caso se fosse cobrar o preço necessário para cobrir os custos totais de um grupo de dança, esse preço seria proibitivo para boa parte do público, tornando, assim, inviável a popularização da arte. Se nos países socialistas esses custos são totalmente subvencionados pelo governo, nos demais, além da contribuição variável e nem sempre generosa das entidades oficiais, é necessário recorrer-se ao patrocínio de pessoas físicas ou jurídicas que, através de doações, colaborem para a manutenção das diversas formas de arte.

Em países como os Estados Unidos e a Inglaterra, essas doações são reconhecidas por lei e podem ser abatidas do Imposto de Renda. Em outros, como no Brasil, tais despesas são lançadas no custo de propaganda das grandes empresas, o que cerceia, de certa forma, o montante que se pode aplicar no setor.

Essa situação tem influência decisiva sobre a criação de novos balés. Se Diaghilev podia encomendar música, cenários e figurinos aos maiores artistas de sua época, isso hoje é extremamente oneroso, e só raramente é que as grandes companhias podem recorrer a compositores como Copland ou Walton e a cenógrafos como Noguchi ou Rauschenberg. Muita gente pensa, por exemplo, que o sistema empregado por Balanchine no New York City Ballet, onde diversos números do repertório são dançados em roupas de exercício, nasceu por uma questão de princípio. Na verdade, o que ditou esse processo espartano foi, antes de mais nada, a economia. Todo esse sistema coloca as grandes companhias numa gangorra permanente, a maioria delas subsistindo hoje em dia através de fundações, as quais possuem grandes departamentos cuja única função é angariar donativos que garantam a continuidade do empreendimento artístico.

Outro aspecto preocupante é o modismo, que parece atacar boa parte dos artistas, dos críticos e do público, principalmente nos países cuja tradição é relativamente recente. Se na Europa e nos Estados Unidos todas as propostas podem coexistir em paz, em outros países o pessoal dito contemporâneo faz questão de destruir o passado, o que pode contribuir para um grande retrocesso na história da dança.

A dança não pode ser reduzida a um programa de televisão, ou seja, viver única e exclusivamente em função do momento atual. Se surgiram companhias como o Stagium, de São Paulo, que faz o que poderíamos chamar de dança política, seu trabalho, pelo valor que tenha – e tem –, não é o único certo. É apenas mais uma proposta, tão válida quanto outras que já foram utilizadas e que tanta coisa boa nos legaram. Querer denegrir as propostas mais antigas porque surgiu uma nova é apagar o passado, e como esse passado representa as bases sobre as quais se assentam o presente e o futuro, apagá-lo significa deixar o presente sem qualquer base, passível de rápido perecimento.

O que hoje acontece ao nosso redor deve servir de motivo para o enriquecimento dos temas a serem usados pelos coreógrafos modernos, mas esse uso não deve ser nem casuístico nem imediatista, ou seja, feito para durar um momento e logo abandonado em favor de outra novidade. Isso tornaria extremamente difícil o trabalho do coreógrafo, uma vez que ele emprega seu talento em cada novo balé, e não pode criar a metro, ou seja, dentro de uma camisa de força que o obrigue a trabalhar incessantemente, fazendo com que chegue rapidamente a um esgotamento criativo.

Uma demonstração clara desse modismo é a figura do diretor de espetáculo, que aparece em vários programas de balé, principalmente aqui no Brasil. São diretores de teatro que se encarregam de dirigir a parte cênica, coisa que no passado sempre foi feito pelo próprio coreógrafo. Isso acontece hoje em dia porque em diversos espetáculos há várias cenas ou passagens que nada têm a ver com a dança propriamente dita, mas muito mais com o teatro, surgindo assim esse novo componente da ficha técnica, inexistente até bem pouco tempo atrás, e que continua inexistente na grande maioria das companhias de dança. Essa atitude nos parece uma ingerência indevida do teatro na dança e uma forma de submeter o coreógrafo, retirando-lhe muito da liberdade criativa e sujeitando seu trabalho a uma voz superior. Esse parece ser um dos fatores de enfraquecimento de diversas propostas recentes de dança no Brasil.

A dança, como todas as artes, deve ser repetitiva, no sentido de que uma boa obra deve despertar a vontade de revê-la sempre, e um balé deve sobreviver aos seus criadores e mesmo ao mundo em que foi criado. Caso contrário, deixa de ser arte e passa a ser peça de consumo, que se usa e se joga fora. Isso seria a negação completa da dança como arte, um retrocesso intelectual indigno da nossa era.

IV

Nas últimas décadas, a dança trilhou vários caminhos novos, como o cinema, a televisão e o teatro musicado. Os grandes musicais de Hollywood mostravam ao mundo estrelas do valor de Fred Astaire, Gene Kelly, Leslie Caron, Vera Ellen e Cyd Charisse, entre muitas outras, aparecendo em números especialmente coreografados para a tela e que serviram para apresentar a muitas crianças o mundo mágico da dança. Foram poucos os filmes feitos especificamente sobre a dança – como, por exemplo, o *Convite à dança*, de Gene Kelly –, mas a presença constante de bailarinos nos grandes musicais é uma perene fonte de prazer e representa o indiscutível reconhecimento da atualidade dessa forma de arte.

A televisão é, ao mesmo tempo, a melhor amiga e a pior inimiga da dança. É a melhor amiga em países como os Estados Unidos, onde os inúmeros vídeos de balés existentes são exibidos constantemente para um público cada vez maior. Diversos programas especiais foram feitos na Inglaterra, contando a história e o progresso da dança como entretenimento e arte. Esses programas atingiram um número imenso de espectadores, muitos dos quais, sem dúvida, se tornaram frequentadores assíduos dos teatros, levados pelo que haviam visto de bom na tela de seus televisores. Por outro lado, nos grandes musicais de televisão, a dança aparece normalmente de forma secundária, os bailarinos servindo como pano de fundo para grandes cantores populares. Só raramente é que Nureyev e um Barychnikov merecem especiais de televisão – na verdade, exceções à regra.

A dança sempre fez parte dos grandes musicais, das luxuosas revistas do Folies Bergére e até dos shows da Broadway, onde coreografias foram assinadas por Balanchine, Robbins, Agnes de Mille, Hanya Holm, Bob Fosse, Michael Bennett ou Gower Champion. Eles elevaram o emprego do balé acima da mera exibição de pernas bonitas, criando coreografias que, além de perfeitamente integradas à totalidade do espetáculo, contribuíram para dar impulso às carreiras de seus criadores.

Um dos aspectos positivos é o grande mercado de trabalho que se abriu para os bailarinos, os quais, hoje em dia, possuem diversas opções de carreira e, da mesma forma que o público, só têm a ganhar com o enorme leque de proposições que se apresenta diante de si.

V

Qual o papel do crítico perante o artista e perante o público?

Acreditamos que o crítico funciona como um informante a respeito de um espetáculo. Ele é um técnico que tem de estar a par de todas as informações a respeito daquilo que viu e passá-las para o público, juntamente com sua opinião. O crítico não deve ser destrutivo. Mesmo sendo obrigado a dizer pesadas verdades, deve fazê-lo de forma a deixar um vislumbre de esperança no horizonte. Se é verdade que a arte exige talento e que nem todos possuem o talento que julgam possuir, o próprio desenrolar dos fatos se ocupa de afastar da arena, pouco a pouco, os menos talentosos. Isso não quer dizer que o crítico não deva dar sua opinião, mas que deve fazê-lo sempre em termos profissionais, nunca pessoais.

No entanto, preocupa muito o fato de boa parcela dos leitores se deixar levar pela opinião do crítico. Se essa opinião é elogiosa e o teatro enche, tudo bem. Mas se a crítica é negativa e o teatro se esvazia, o crítico deve ficar preocupado. Ele não é nem deve ser um castrador da vontade de cada um. Se uma pessoa tem o desejo de assistir a um espetáculo, deve fazê-lo mesmo que a crítica seja negativa. A curiosidade artística de cada um de nós não deve ser cerceada pela opinião de quem quer que seja.

Infelizmente, o fator econômico mais uma vez tem papel preponderante na escolha: se o crítico emite uma opinião abalizada e esta é negativa, as pessoas preferem não gastar seu dinheiro confirmando pessoalmente aquilo que leram no jornal. O crítico é um informador, um orientador, um profissional para quem deve ser duro dizer certas verdades. Mas que, no entanto, está obrigado a dizê-las, pois tem um público a informar, público esse que lhe cobrará se verificar que seus escritos destinam-se a beneficiar alguns e prejudicar outros. Se o crítico como pessoa tem direito às suas preferências, não deve impô-las a quem quer que seja, da mesma forma que não deve usar sua pena e seu espaço para derrubar quem não lhe agrade.

Claro está que, qualquer que seja sua atitude, o crítico acaba sempre por fazer sua cota de inimigos: quem acredita no próprio talento não deve gostar de ver impresso num jornal ou revista exatamente o contrário. Mas a dança hoje em dia é também um grande negócio, e a profissão está cheia de pessoas que não se podem dar ao luxo de reconhecer sua falta de talento, pois, se o fizerem, estarão assinando a própria sentença de morte profissional. Infelizmente, o verdadeiro talento não bafeja todas as pessoas da mesma forma, e o ideal seria que cada um reconhecesse o seu lugar, pois assim estaria contribuindo muito mais para a dança como um todo do que ao tentar alçar voos impossíveis.

VI

Como se apresenta o futuro da dança?

Na verdade, ele caminha em paralelo ao futuro da humanidade, às novas descobertas, à necessidade do homem de reciclar periodicamente toda a sua vida, aí incluídas as artes e as diversões. Assim, seria prematuro tentar vislumbrar o que acontecerá nas próximas décadas, quais as novas correntes que irão surgir e quais os novos desenvolvimentos que nos esperam. Pelos últimos 40 anos, que foram extremamente benéficos para a dança como um todo, pois nesse período ela ascendeu de arte menor a uma das mais populares, acreditamos que ela vai progredir ainda mais – se o homem progredir. Como sempre, aparecerão os eternos aventureiros e aproveitadores, mas o próprio tempo uma vez mais se encarregará de separar o joio do trigo.

A dança teatral se espalhou pelos quatro cantos do mundo; o número de companhias aumentou muito, e junto com elas o público, que avidamente enche os teatros para aplaudir seus artistas ou estilos preferidos. Esse crescimento deu origem a uma nova fonte de empregos, não apenas nas companhias profissionais, mas também nas escolas e academias dos mais diversos gêneros. Um recente levantamento feito pela revista americana *Variety* mostrou que se em 1945 havia pouco mais de 2 mil bailarinos profissionais registrados nos sindicatos norte-americanos, hoje esse número ultrapassa os 20 mil.

A dança chegou às universidades em diversos países, como a França, os Estados Unidos, a Inglaterra e o próprio Brasil, oferecendo-se cursos de formação e reciclagem de artistas e professores. Da elite, a dança chegou ao povo, e sua identificação com a juventude fez com que ela se tornasse uma das artes mais fáceis de serem apreciadas por pessoas de todas as idades. Esse *boom* não mostra sinais de arrefecimento – muito pelo contrário. A cada ano aumenta o número de aficionados da dança, seja no palco ou na plateia. Há uma riqueza imensa à disposição do público, desde as grandes obras românticas ou clássicas até o modernismo mais exacerbado, passando pelo folclore, as danças dos templos do Camboja ou o *kabuki* japonês. É nosso privilégio poder apreciar todas elas no seu tempo e hora. Mas só poderemos fazê-lo se mantivermos abertos o nosso espírito e o nosso intelecto, pois seu conjunto representa uma das riquezas da humanidade, criada durante séculos de muito trabalho e esforço.

Bibliografia

Achcar, Dalal. *Balé, arte, técnica e interpretação.* Cia. Editora de Artes Gráficas, 1981.

Amerg, George. *Ballet in America.* Nova York, Mentor, 1951.

Anderson, Jack. *The One and Only: The Ballet Russe de Monte Carlo.* Nova York, Dance Horizons, 1981.

Araújo, Alceu Maynard de. *Festas, bailados, mitos e lendas.* Melhoramentos, 1975.

Beaumont, Cyril W. *The Complete Book of Ballets.* Nova York. Grosset & Dunlap, 1938.

______. *The Diaghilev Ballet in London.* Londres, Adam & Charles Black, 1951.

______. *Supplement to The Complete Book of Ballets.* Londres, Putnam, 1952.

______. *Ballets of Today.* Londres, Putnam, 1954.

______. *Ballets Past and Present.* Londres, Putnam, 1955.

______. *Michel Fokine and his Ballets.* Nova York, Dance Horizons, 1981.

______. *The Ballet called Giselle.* Nova York, Dance Horizons, 1981.

______. *The Ballet called Swan Lake.* Nova York, Dance Horizons, 1982.

Buckle, Richard. *Diaghilev.* Nova York, Atheneum, 1979.

______. *Nijinsky.* Londres, Penguin, 1980.

Carvalho, Edméa A. *O balé no Brasil.* Rio de Janeiro, Pongetti, 1962.

Demidov, Alexander. *The Russian Ballet, Past and Present.* Londres, Adam & Charles Black, 1978.

De Mille, Agnes. *Dance to the Piper.* Nova York, Bantam, 1953.

Grigoriev, Serge C. *The Diaghilev Ballet.* Londres, Constable, 1953.

Guest, Ivor. *The Romantic Ballet in Paris.* Londres, Sir Isaac Totman & Sons, 1966.

Haskell, Arnold L. *Ballet.* Londres, Penguin, 1945.

______. (org.) *The Ballet Annual*, números 1 a 18. Londres, Adam & Charles Black, 1946 a 1963.

Kirstein, Lincoln. *Thirty Years of the New York City Ballet.* Nova York, Alfred A. Knopf, 1978.

Leatherman, Leroy. *Martha Graham.* Londres, Faber & Faber, 1962.

Lieven, príncipe Peter. *The Birth of the Ballets Russes.* Nova York, Dover, 1973.

Livet, Anne (org.), *Contemporary Dance.* Nova York, Abbeville Press, 1978.

Manchester, P.W., & Morley, Iris. *The Rose and the Star.* Londres, Victor Gallanez, 1949.

Martin, John. *The Dance.* Nova York, Tudor, 1946.

McDonagh, Don. *Martha Graham.* Nova York, Preager, 1975.

Michaut, Pierre. *Le Ballet Contemporain.* Paris, Librarie Pion, 1951.

Mitchell, Jack & Barnes, Clive. *Dance Scene USA.* Nova York, The World, 1967.

Percival, John. *Modern Ballet.* Londres, Studio Vista, 1970.

Reyna, Ferdinand. *A Concise History of Ballet.* Londres, Thames and Hudson, 1965.

Roslavleva, Natalia. *Era of the Russian Ballet*. Nova York, E.P. Dalton, 1966.
Sorley Walker, Kathrine. *De Basil's Ballet Russe*. Nova York, Atheneum, 1983.
Terry, Walter. *Ballet*. Nova York, Bell, 1959.

Revistas consultadas: *Ballet Today, Dance Magazine, Ballet News, Dance and Dancers, Danza* (Barcelona), *La Danse, Tanzwelt, Dance Perspectives, Revue du Musée de l'Homme, Enciclopedia dello Spetaculo.*

Índice Onomástico

FSC
www.fsc.org
MISTO
Papel produzido
a partir de
fontes responsáveis
FSC® C019498

A marca FSC é a garantia de que a madeira utilizada na fabricação
do papel deste livro provém de florestas de origem controlada
e que foram gerenciadas de maneira ambientalmente correta,
socialmente justa e economicamente viável.

Este livro foi composto por Susan Johnson em Dante Pro 11,5/16
e impresso em papel pólen soft 70g/m² e cartão triplex 250g/m²
por Geográfica Editora em março de 2011.